英译汉求雅三步诀

温绍贤 著

科学普及出版社
·北 京·

图书在版编目（CIP）数据

英译汉求雅三步诀／温绍贤著．—北京：科学普及出版社，2015.2
ISBN 978-7-110-08911-8

Ⅰ．①英… Ⅱ．①温… Ⅲ．①英语—翻译—研究 Ⅳ．① H315.9

中国版本图书馆 CIP 数据核字（2014）第 311781 号

出 版 人 苏 青
责任编辑 单 亭
责任校对 王勤杰
责任印制 张建农
装帧设计 中文天地

出版发行 科学普及出版社
地　　址 北京市海淀区中关村南大街16号
邮　　编 100081
发行电话 010-62173865
传　　真 010-62179148
网　　址 http://www.cspbooks.com.cn

开　　本 787mm × 1092mm 1/32
字　　数 150千字
印　　张 6
印　　数 1-5000册
版　　次 2015年2月第1版
印　　次 2015年2月第1次印刷
印　　刷 北京长宁印刷有限公司
书　　号 ISBN 978-7-110-08911-8/H · 213
定　　价 35.00元

CONTENTS

目录

第一章 导言

一个精通本国语言同时又很好地掌握一门外国语言的人，在进行翻译时（主要是从外国语言翻译成本国语言）不必学习翻译技巧，就能在翻译时挥洒自如，他们中有些人甚至可以成为翻译大师，如鲁迅、林语堂、郭沫若、胡适、瞿秋白等。反之，如果你对两国语言中的其中的一种掌握得不好的话，那你是决然不能做好翻译的，即使你熟读翻译原理和技巧的书籍也罢。

历来的翻译原理和技巧书籍，大都着重于理论的繁琐阐述，十分抽象和枯燥，似乎是专门写给两种语言造诣都很深的人看的。但这些人，正如上文所提到的，通常是不会也不必读这些原理和技巧的。而那些具有一般甚至较高的中外语文水平的人，对这些翻译理论和技巧书籍，往往越读越糊涂，因而对提高他们的翻译水平帮助不大。事实上，当今社会，大部分人所需要的是富有示范性和启发性的实用翻译技巧书籍。而富有示范性和启发性的实用翻译技巧能对这些人有用，即对多数人有用：他们通过掌握这样的翻译技巧，能较有把握地译出忠实、通畅、精炼（优美）的本国文字；同时也能在翻译实践的过程中，不断提高自己的双语水平。然而，可惜的是，到目前为止，我们尚未看到有专门介绍这种翻译技巧的书籍问世。作者的目的，就是要用自己过去几十年教学和翻译实践的经验编写本书，以填补这方面的空白。

所谓技巧，中心意思其实是一个如何合乎被译语言的语言习惯问题。这是显而易见的，因为你的译文是给使用译文的人看的，而不是给使用原文的人看的。不合格的译文最突出的毛病，就是使人读了不知所云，或者看得十分吃力。究其原因，主要有：①对号入座，即按照原文的语序、词类、句子结构，一成不变地硬译成另一种语言；②只从字典中不加选择、不加变通地抄来使用，堆砌成文，不在译文的规范性上狠下功夫，更谈不上经过反复推敲，使译文生动活泼、简明精练，所以读起来十分别扭，欠缺自然流畅。因此，翻译技巧的问题，主要还是如何解决严复提出的“信、达、雅”的问题。其实，要基本上做到“信、达、雅”也不难，只要在翻译时，时刻记住本书第二章“英译汉的一般过程”中的六个要点，就一定能逐渐达此境界。

本书的编写原则是：完全去除抽象、繁琐和枯燥的理论，以及各种不易明白的专门语法术语，从英汉两种语文的习惯用法出发，以大量精选的例句，其中包括不少从英美文学名著摘录的段落和句子，作富有启发性的、举一反三的示范，以解决“信、达、雅”的问题，即从来没有人告诉过你的那些翻译要诀，使你在今后的翻译工作中，成竹在胸，一蹴而就，从而视翻译为一种乐趣，而不是一条畏途。

本书是一部实用性很强的英译汉专著，任何具有中学文化水平的人，都可以零难度阅读本书。对于高中至大学的学生来说，本书不仅能直接帮助他们有效地提高翻译水平，还能间接地大大提高他们的汉英双语水平；对于在工作上需要翻译的在职人士以及其他有志从事翻译工作的人士，本书能帮助他们解决在翻译上遇到的各种实际问题；对于从事翻译工作的专职人士和从事英语教学的教师，本书也具有建设性的参考价值。

第二章
英译汉的一般过程

1. 首先理解全文，然后分段、分句细心理解，不厌其烦地查阅工具书，把不懂的和没把握的地方尽量弄清楚，直到把所有疑点排除，然后才动笔翻译，个别一时弄不清楚但不影响全局的可先放下，但关键性的地方则一定要彻底弄明白，然后才好动笔。

2. 先把整段、整章译出，然后看看译文是否清楚明白，语言和逻辑是否连贯。如果译文意思含糊不清，语言和逻辑不连贯或矛盾，则一定是在理解原文上出了问题，就必须在有疑问的地方逐字逐句仔细推敲，从易及难。之后集中精力攻破所剩下的少数难点，包括原有的和新发现的难点。在忠于原文意思的前提下，进行反复推敲和提炼。

3. 在反复深入领会原文的文体、含义、语气和背景的基础上，通观全文，看看是否用最近似而又最适当得体的汉语把原文一气呵成地翻译了出来。

4. 检查译文是否有生硬、艰涩、幼稚、过于平淡或不够精炼之处，或有失原文的神韵和风格的地方。发现问题后，务必反复斟酌，将它们一一理顺。

5. 集中精力去做求“雅”的工作。尽可能准确地和恰如其分地用上汉语的精华，即一字词语、二字词语、三字词语、四字词语、五字词语、六字词语、七字词语、八字词语（这些词语又叫成语、词组、格或诀，如叫四字成语、四字词组、四字格等，本书统一称作“词语”）以及其他熟语加以提炼，以期精益求精。所谓准确地和恰如其分地用上汉语的精华，意思是：这些词语不能随意乱用，必须用得准确无误，同时必须用在恰当的场合。试翻译以下的句子：

a）We threw him out.

我们可作如下翻译：

i）我们把他赶了出去。

ii）我们把他撵了出去。

iii）我们把他轰了出去。

推敲的过程如下：例句 i）把 threw out 译成“赶了出去”，意义上没错，但仍嫌一般；例句 ii）用了一字词语“撵”，比第一句要生动传神，但意义上略有出入，因“撵”在汉语虽有“赶走”的意思，但不一定有“赶走”的动作；例句 iii）中的一字词语“轰”，就具备了赶走的动作。

b）They drove us into a corner.

我们可作如下翻译：

i）他们把我们赶入死角。

ii）他们使我们陷入困境。

iii）他们把我们逼得走投无路。

推敲的过程如下：例句 i）把“drove ... into a corner”译成“赶入死角”，在意义上没有错，但汉语一般不这么说；例句 ii）中的“陷入困境”已有进境，但句中使用了“使”字，整个句子就显得不太通顺；例句 iii）采用四字词语“走投无路”，句子就显得利落和老练。

c）He was so excited that he couldn't utter a word.

我们可作如下翻译：

i）他如此激动以致连一句话也说不出来。

ii）他激动得说不出话来。

iii）他激动得无言以对。

推敲的过程：例句 i）已达“信”的标准，但使用了“如此……以致……”来翻译“so… that”，因而显得句子结构累赘；进一步推敲得出例句 ii），达到了“达”的标准，但还不够“雅”；为了求“雅”，于是就出现了运用四字词语“无言以对”的例句 iii），但“无言以对”用在这个场合是不准确的，不过除此之外，我们最终也找不到合适的词语，这时就只好放弃选用“无言以对”，而采用例句 ii）。从这个例子中可以看出，并不是任何成分都可以或应当提炼成相关词语的，而且多数情况没有必要这样做。

这里要强调的是，翻译是一项极为艰苦和费时的脑力劳动，是要反复推敲和提炼的，切不可以为有什么捷径可循，更不可在译文中胡乱堆砌各种想当然的词语，以此来炫耀自己。

6. 最后完成的译文，自己读起来朗朗上口，看不出或基本上看不出有太多经过翻译的痕迹。

第三章
汉语词语——汉语的瑰宝

严复在他翻译的《天演论》的例言中说："故信达以外，求其尔雅；用汉以前字法句法，则为达易，用近世俚俗文字，则求达难，往往抑义就词，毫厘千里。"意思是说，用"近世俚俗文字"，即用我们所用的语体文，要使译文达至"雅"是不可能的，必须使用汉代以前的古文。但张达聪在他所著《翻译之原理与技巧》中认为，"此种看法，在今日已不合时宜。须知白话文（colloquial Chinese）不断演进，词字大量增加，不胜枚举，而了解者与使用者愈来愈多，目前已经取代文言，成为大众传播思想感情之主要媒介。汉朝以前，时间邈远，用字生僻，语法有异，现代读者，大多不能了解。严氏欲以 pre-Han wenli 复古求雅，二十世纪今日，根本无法行通。"

笔者认为，如果不走极端的话，严复和张达聪两人的见解，均有合理之处。我之所以提出要在翻译的求"雅"阶段中，集中精力，在汉语一字词语至八字词语上狠下功夫，因为这些词语正是汉语几千年来（包括汉以前和汉以后，直至现代）所形成的汉语的词语——汉语的瑰宝。一个这样的词语，往往包含一个高度浓缩的意思，有时比一整段话的意思更透彻、更生动传神。它们中大多数以文言文“字法句法”的形式出现，但仍然被当代的人们广泛使用着，是当代“大众传播思想感情之主要媒介”中的重要组成部分。这样，大量使用这些词语作为求“雅”的手段，上述两种意见就殊途同归了。

翻译和写文章一样，是需要反复提炼的，所谓求“雅”，就是按照翻译的三原则“信”、“达”、“雅”，一个步骤一个步骤地进行提炼，而只有把提炼过程中的最后一个步骤，即求“雅”的步骤，处理妥当了，才算大功告成。这最后一个关键步骤的提炼，就是要尽可能准确地和恰如其分地用上汉语的精华：一字词语至八字词语和熟语等。

可以想象，在一个段落或一篇文章中，如中间带有这样词语的句子不断涌现，整个段落或整篇文章，就毫无疑问会充满了“雅”气，珠玉纷陈，顿时使读者眼前一亮。

这里举例如下：

I felt sad without knowing why.

i）我感到忧愁，但不知道为什么。

ii）我不知道为何会感到愁闷。

iii）我感到一阵莫名的惆怅。

例句 i）已准确把原文意思翻译了出来，已达“信”的标准，但文字还嫌粗糙；例句 ii）比例句 i）精炼，已达“达”的标准，但仍嫌平淡；例句 iii）用了汉语熟语“莫名的惆怅”，达到“雅”的标准。

下面再举一例：

He talked a lot of nonsense at the meeting.

i）他在会上讲了一大堆废话。

ii）他在会上废话连篇。

iii）他在会上大放厥词。

例句 i）已准确把原文意思翻译了出来，已达“信”的标准，而且文字通畅，实际上已达“达”的标准，不过仍可作进一步提炼，于是就用了例句 ii）的四字词语“废话连篇”，这已基本上达到了“雅”的标准，但译者觉得仍有推敲的空间，于是就有例句 iii），它同样用了四字词语“大放厥词”，但更加准确有力。

这里按照上述原则，提供几段用汉语词语提炼的英译汉示范文字，供读者参考，让读者从中体会到珠玉纷陈，令人眼前一亮的喜悦（下面画线的词语，是经推敲提炼后的成品）。

i）Braving thorny thickets and nasty wasps, we ascended the higher peak, which dominates the region and offers a magnificent panorama of soaring mountains, narrow valleys and the single winding road over which the Red Army fought its bloody way.

我们冒着荆棘丛和讨厌的黄蜂群，爬上了更高的那个山峰。这里对全地区一览无遗，只见下面是一幅壮观的全景图：高耸的峰峦和狭隘的山谷以及红军当年杀出一条血路的那条唯一的蜿蜒小径。

（一路上，我们走过满途荆棘和顶着讨厌的蜂群，爬上了更高的一座山峰。我们从这里俯瞰全区，展现在我们眼前的，是一幅壮观的全景图：只见下面峰峦起伏，幽谷处处，还有当年红军杀出一条血路的那条唯一通道羊肠小道。）

ii）Beyond the town loomed a series of strange conical mountains. To our Western eyes they recalled the seemingly fantastic mountains in classical Chinese painting. We had come to Guiyang to find these painted mountains a reality.

城外呈现着重重的圆锥形的山。在我们西方人的眼中，它们使我们回想起中国画中隐隐约约的奇异山峦。我们来到贵阳，发现画中的山峦变成了现实。

（城外森然矗立着一重重圆锥形山峰。在我们西方人眼中，这些山峰使我们想起了中国画中那些奇异缥缈的山峦。我们来到贵阳，目睹画中的山峦竟变成了现实。）

iii）As we moved into the higher, more remote regions, the weather was heavily overcast, with occasional rain and cloudbursts. We saw the mountain peaks only rarely. The rice paddies were emerald green and the mountains distinctly vague and elusive through the mist.

当我们深入到更高更远的地区时，天空满布密云，偶有骤雨和大暴雨。我们只能偶然看到山峰的真面目。水稻一派翠绿，烟雾溟蒙中，山峦显得隐约飘渺。

（当我们进入更高更偏远的地区时，天空密云满布，间有骤雨和大暴雨。眼前的山峦若隐若现。水稻青翠欲滴，远山烟雾溟蒙。）

iv）As the road swung in the direction of Tibet，the scenery became increasingly rough and dramatic. Waterfalls from tall mountains and narrow gorges plunged beside the winding mountain road on which we traveled.

在向西藏伸延的道路上，周围的风景变得越来越崎岖和使人胆跳心惊。瀑布从崇山窄谷中向我们行走的蜿蜒的山路旁，倾泻而下。

（在通往西藏的逶迤路上，周围环境变得越发崎岖险阻。在我们汽车行走的蜿蜒的山路旁，瀑布从崇山深壑倾泻而下。）

（以上各段的英语原文摘自美国前国家安全顾问布热津斯基所写的 *Mao's Long March Through China*，该长文发表在美国 LIFE 杂志 1981 年 10 月号上，由作者翻译成中文，刊登于香港《百姓》半月刊第 12 期（1981 年 11 月 6 日）和第 13 期（1981 年 12 月 1 日），题为《一家美国人跋涉在“长征”路上》）

第四章 英译汉的一般技术处理

英译汉的一般过程，除了第二章提出的六大原则之外，在具体翻译过程中，还应注意一般的技术处理，主要是要使翻译出来的汉语符合汉语的语言习惯，而不是西式汉语，这是达至“达”、“雅”的必要条件之一，配合使用一字词语至八字词语或熟语的推敲提炼，就能使译文更加畅顺，更具可读性。

英译汉的一般技术处理有如下方面。

一、增删法

i) He is now the talk of the whole city.

他现在是全城谈论的话题。(增)

ii) A good sweat often cures a cold.

出一身大汗往往可以治愈伤风。(增)

iii) The chandelier depends from the ceiling.

枝形吊灯悬挂在天花板上。（删了前后两个the的意思）

iv）She brought her boyfriend to the party.

她带着男朋友来参加派对。（删了 her 的意思）

二、重复法

i）Diligence is the parent of success as well as of wealth.

勤奋是成功之母，也是致富之母。（重复“之母”）

ii）The world is no longer it was three decades ago.

现在的世界不再是三十年前的世界了。（重复“世界”）

iii）All this boils down to a word: he is unrealistic.

这一切归结成一句话，这句话就是：他是不现实的。（重复“一句话”）

iv）Our students should be trained to acquire the ability to analyze and solve problems.

应该培养我们的学生具有分析问题和解决问题的能力。（重复“问题”）

三、词类变通的处理

i）The construction of the skyscraper is going on smoothly.

摩天大厦的建筑正在顺利进行。

建造摩天大厦的工程正在顺利进行。（名词变动词）

ii) We had a gallop through the field.

我们在田野上策骑。

我们骑马奔驰过田野。(名词变动词)

iii) We are very grateful to his help.

我们对于他的帮助是非常感谢的。

我们非常感谢他的帮助。(形容词变动词)

iv) The camel is chiefly characterized by an ability to go for many days without water.

骆驼主要擅长于能够几天不喝水。

骆驼的主要特征是能够几天不喝水。(动词变名词)

v) The performance was a great success.

这次演出是个伟大的成功。

这次演出极为成功。(名词变形容词)

vi) It is my great honour to meet you here.

在这儿见到您是我很大的荣幸。

我很荣幸地在这儿见到您。(名词变副词)

vii) The old man tried to carry as much earth as the young people, but failed.

老头要和青年人挑一样多的土，但失败了。

老头要和青年人挑一样多的土，但力不从心。(动词变词组)

viii) It was entirely through neglect that over thirty-seven million acres more of land had lost their productivity.

超过 3700 万英亩的土地因疏忽而失去了生产力。

由于疏于料理，超过 3700 万英亩的土地荒芜了。（名词变词组、名词变形容词）

四、句子结构变通的处理

i) He is a man whom you cannot afford to offend.

他是个你惹不起的人。（英语定语从句）

他这个人你是惹不起的。（汉语主谓谓语句）

ii) It is the house where I was born.

这是我出生的房子。（英语定语从句）

我是在这间房子出生的。（汉语单句）

iii) It is very sweet of you to say so.

你这么好说这些令人开心的话。（英语单句）

你说这些令人开心的话，我感到非常高兴。（汉语复句）

iv) There are many students in the classroom.

有很多学生在教室里。（按照英语句子结构翻译）

教室里有很多学生。（按照汉语习惯用法翻译）

五、意思变通的处理

i) He was just going to bed when someone knocked at the door slightly.

当有人在轻轻敲门的时候，他正在上床睡觉。

他刚上床睡觉，就有人轻轻地敲门。

ii) I don't think he is right.

我不认为他是对的。

我认为他是不对的。

iii) That was the reason why she was so angry.

这就是为什么她那么生气的理由。

这就是她为什么这么生气。

iv) He has eaten next to nothing.

他等于什么都没吃。

他几乎什么都没吃。

六、长句的处理

碰到长句时，更加要设法在句子结构上变通处理，使之明白易懂。在这种情况下，通常使用断句、倒装、拆句三种方法加以处理。

1) 断句法

For this reason I request that if the debate is to continue, we have a recess of an hour, and I say this in my own name, but I am certain there are others who have been here since the beginning of this meeting and who feel that if the meeting is to continue it would be fair to have a recess, even if it is only one hour.

因此，如果要继续辩论，我要求休会一小时。我这句话是以我个人的名义说的。但是我知道还有别的人从这次会议一开始就坐在这里，相信他们也觉得，如果会议要继续下去，就应该休会一次，即使一个小时也好。

注：这里英语整个段落是一句到底的，而译文则分为三句。

2）倒装法

Mr. Echeveria had been Minister of the Interior in the Mexican Government, which took the decision to set the army on the students who attempted to demonstrate in Tlatelolco on 21 and 22 September in that year.

该年的九月二十一日和二十二日，学生试图在特拉特洛尔科示威，当时派兵镇压的墨西哥政府内政部长，就是埃切维里亚先生。

注：英语原文的"who attempted…on 21 and 22 September in that year"是放在句子的后部分，而译文则放在句子的前后部分。

3）拆句法

The victory of German National-Socialism, the most reactionary, the most aggressive form of fascism, and its war provocations have spurred on the war parties to fight in all countries more vigorously for power and to intensify the fascistization of the state apparatus.

德国国家社会主义是最反动、最具侵略性的一种法西斯主义形式。它的得势以及它的战争挑衅，促使世界各国的好战党派为夺取政权而进行更加激烈的斗争，并加强国家机器的法西斯化。

注：译文把英语的 The victory 和 its war provocations 两个成分分拆出来，共同作主语，组成一个句子；又把 German National-Socialism，the most reactionary，the most aggressive form of fascism 组合成单独一句，放在整个段落的前面。

在一个长句中，有必要时，可同时交替使用两种或三种上述处理长句的方法。

第五章
英译汉求雅举例示范

这一章是本书的实战部分，对学习者来说很重要。这里提供的精选示范例句130例，绝大部分为单句，其中有极少量的复句，英美文学名著选译示范的例句有46例。在这170多例的翻译句子中，所采用的一字词语至八字词语，绝大部分是规范的常用词语，但也有极少量的常用熟语。

本书挑选这么多的单句作翻译示范，不仅仅是因为这些单句简单明了，容易学习，可由浅入深，举一反三；还主要是因为它们都是些表面上看似易译实质上是难译的典型句子，但又是英语中常见的句子。学习者只要对这些翻译示范句子，用心地反复揣摩、模仿，必能恍然而悟，最终参透出翻译的奥秘来。英美文学名著选译的示范例句，是在学好单句示范的基础上，作为巩固之前所学之用。

有些人在翻译时，可能一下子就能达到“雅”，而不必经过“信”、“达”的推敲阶段，这是他们长时间在翻译实践中摸索所得的结果，但他们也不可能在任何情况下都能做得到，事实上，即使是翻译大师，他们在翻译时，也并不是时时都能得心应手的，往往还是要在初稿的基础上进行反复推敲，不过他们推敲得比一般人为快为好而已。所以推敲提炼，是翻译工作者要永远遵循的原则。

这里的翻译示范例句，对学习者来说，是非常必要和有用的；即使对有较高翻译水平的人来说，它们也有很好的启迪作用。

顺便一提，这里的所谓“雅”，当然是有一定的准则的，但并不是绝对的，尚留有很大的空间给读者探索，好在作者的用心，是要通过大量翻译“三步诀”的示范，使学习者养成在“信、达、雅”的层次上进行推敲提炼的习惯。因此，作者只是把本书作为学习者学习翻译的一个向导，同时也作为向专家们抛出的一块引玉的砖。

一、一字词语提炼示范

1.1 单句选译示范例句

1. We have absolutely no such intentions.

i）我们根本就没有这样的意思。

例句 i）用“根本就”来翻译“absolutely”，达到了“信”的标准。

ii）我们绝对没有这个意思。

例句 ii）经过提炼，用字典上“绝对”的意思来翻译

“absolutely”，比例句 i）的“根本就”较为通顺，例句 ii）已达到了“达”的标准。

iii）我们绝无此意。

例句 iii）中的“绝”，是用一字词语提炼的结果，这样，整个句子就显得雅致和洗练得多，达到了“雅”的标准。

2. She cudgeled her brain to solve the problem.

i）她想尽办法去解决这个问题。

例句 i）用“想尽办法”去翻译“cudgeled her brain”，已把其意思翻译出来了，基本上达到了“信”的要求。

ii）她绞尽脑汁去解决这个问题。

例句 ii）采用了四字词语“绞尽脑汁”，比较贴近原文的意思，整个句子也变得流畅得多，例句 ii）达到了“达”的标准。

iii）她苦思冥想去解决这个问题。

例句 iii）在例句 ii）的基础上，用一字词语进一步提炼，得出“苦”和“冥”，更贴近原文的意思，当然“苦思冥想”也可看作是四字词语或两个两字词语，例句 iii）已达到了“雅”的标准。

3. He earnestly advised her to sincerely mend her ways.

i）他认真地劝她痛改前非。

例句 i）用“认真地”来翻译“earnestly”，基本上已达“信”的标准，但仍嫌一般。

ii）他极力劝她痛改前非。

例句 ii）用“极力”来翻译“earnestly”，更贴近原意，已达“达”的标准。

iii）他苦劝她痛改前非。

例句 iii）在例句 ii）的基础上，进一步用一字词语提炼，结果选出“苦”字，使整句话立即变得精炼，变得生动传神，达到了“雅”的标准。

4. She disagreed, but she didn’t say anything very definite.

i）她不同意，但没有说得很肯定。

例句 i）用“肯定”来翻译“definite”，是字典上的意思，已达到了“信”的标准。

ii）她虽然不同意，但没有说得很确切。

例句 ii）使用了“确切”二字，也是字典上的意思，不过比例句 i）的“肯定”准确些，例句 ii）达到了“达”的标准。

iii）她尽管不同意，但是没有把话说死。

例句 iii）用一字词语进一步推敲，得出个“死”字，“死”字在这里用得非常恰当。

5. She was terribly grieved.

i）她伤心得很。

例句 i）用“得很”来翻译“terribly”，是恰当的，已达“信”的要求。

ii）她极为伤心。

例句 ii）经过推敲，用了“极为＂，比例句 i）更准确地表达了原文的意思，例句 ii）达到了“达”的标准。

iii）她伤心欲绝。

例句 iii）在例句 ii）的基础上，用一字词语提炼，得出“绝”字，使人眼前一亮，达到了“雅”的标准。

6. The miserable sight has brought tears to every one's eyes.

i）这悲惨的情景令每一个人都流下了眼泪。

由于这句子的结构与汉语句子的结构基本相同，一般人只要按字面意思直译，即可达“信”，因而懒于去推敲，例句 i）就是这样的翻译作品。

ii）这悲惨的情景使人眼泪直流。

例句 ii）用了“使人眼泪直流”，较例句 i）的“令每一个人都流下了眼泪”为精炼，“使人”的意思就有“令每一个人”之意，例句 ii）达到了“达”的标准。

iii）这悲惨的情景催人泪下。

例句 iii）在例句 ii）的基础上进一步推敲，得出一字词语“催”字，“催人泪下”不仅读来非常流畅，而且显得“雅”气十足。

7. She looked at him, her eyes brilliant with unwept tears.

i）她看着他，双眼闪亮着泪珠。

例句 i）用“双眼闪亮着泪珠”来翻译“her eyes brilliant with unwept tears”，虽然文字优雅，但却没有把“unwept”翻译出来。

ii）她看着他，双眼含着闪亮的泪珠。

例句 ii）用“含着”，已把“unwept”的意思译了出来，达到了“达”的标准。

iii）她看着他，双眼噙着晶莹的泪珠。

例句 iii）用一字词语作进一步推敲，发现“噙”字比“含”字更胜一筹，达到了“雅”的标准。

8. The old woman kept on pouring out a stream of abuse.

i）老太婆还在不停地骂着。

例句 i）用“不停地”来翻译“kept on”是对的，但没有把“a stream of ”译出来。

ii）老太婆还在不停地大骂着。

例句 ii）加了一个“大”字就把“a stream of ”的意思翻译出来了，可以说是“信”、“达”兼备。

iii）老太婆还在大骂不休。

例句 iii）用一字词语进一步推敲，选了一个“休”字，全句显得特别生动，达到了“雅”的标准。

9. Now it's the last days of winter.

i）现在正是冬季最后的日子。

例句 i）用“最后的日子”来翻译“last days”是对的，因而达到了“信”的要求。

ii）现在正值冬天将尽之时。

例句 ii）用“将尽之时”来代替例句 i）的“最后的日子”，有所进步，达到了“达”的标准。

iii）现在正值残冬季节。

例句 iii）在例句 ii）的基础上，用一字词语推敲，选出“残”字，使整个句子变得十分优雅，达到了“雅”的标准。

10. The lake lies only a few hundred paces from here.

i）湖离开这里只有几百步远。

例句 i）用“离开这里……远”来翻译“lies… from here”是对的，因而达到了“信”的要求。

ii）湖距离这里只有几百步的路程。

例句 ii）用“距离”和“路程”来代替例句 i）的“离开”和“远”，有所提升，达到了“达”的标准。

iii）湖离这里只有几百步之遥。

例句 iii）在例句 ii）的基础上，用一字词语推敲，选出“离”和“遥”，使整个句子变得铿锵有声，达到了“雅”的标准。

11. That fellow is downright bad.

i）这个人是个大坏蛋。

例句 i）用“大坏蛋”来翻译“downright bad”，虽然用了词汇变换法，把原文的意思基本上表达了出来，这是优点，但却没有把“downright bad”的含义准确地翻译出来。

ii）这个人极之坏。

例句 ii）用“极之坏”来翻译，把“downright bad”的含义准确地译了出来，达到了“达”的标准。

iii）这个人坏透了。

例句 iii）在例句 ii）的基础上继续推敲，用上一字词语“透”字，因“透”字是个补语，起强调作用，甚为适用于这场合，达到了“雅”的标准。

12. They became friends when they were still poor.

i）他们仍在贫穷时相识。

例句 i）用“仍在贫穷时”来翻译“when… still poor”，是对的，这是字典上的意思，达到“信”的标准，但缺点是一般化。

ii）他们相识时环境都不好。

例句 ii）用“环境不好”来翻译，和例句 i）区别不大，没什么惊喜。

iii）他们相识于微时。

例句 iii）在例句 ii）的基础上继续推敲，选出一字词语“微”字，一举达到了“达”和“雅”的标准。

13. He just obstinately refused to admit his mistake.

i）他顽固地不肯承认错误。

例句 i）用“顽固地”来翻译“obstinately”，这是字典上的意思，也是一般的意思，达到了“信”的标准。

ii）他就是硬不肯承认错误。

例句 ii）用“就是硬”来翻译“obstinately”，是经过推敲分析后得出来的结果，达到了“达”甚至“雅”的要求。

iii）他就是死不肯认错。

例句 iii）进一步用一字词语推敲，选出个“死”字，语气比“硬”字更强，达到了“雅”的标准。

14. The situation has improved a little.

i）形势已经好了些。

例句 i）用“好了些”来翻译“improved a bit”，意思上没有错，但仍嫌一般化。

ii）形势已经有所好转。

例句 ii）用“有所好转”来翻译，比例句 i）较为精炼，达到了“达”的要求。

iii）形势已经略为好转。

例句 iii）在例句 ii）的基础上继续推敲，用了一字词语“略”字，准确而简练，达到了“雅”的标准。

15. She was not supposed to go but she insisted on going.

i）不该她去可她就是要去。

例句 i）用了“就是要”来翻译“insisted”，是对的，也颇自然流畅，已达“信”的标准。

ii）不该她去可她一定要去。

例句 ii）用“可……一定要”来翻译“insisted”，比例句 i）较为精炼，已到“达”的标准。

iii）不该她去可她偏要去。

例句 iii）在例句 ii）的基础上用一字词语进一步推敲，选出个“偏”字，从而把“insisted”的词义非常准确地翻译了出来，令整个句子充满了生气，达到了“雅”的标准。

16. A light of early dawn appeared in the sky.

i）天空可见一线曙光。

例句 i）用了“可见”来翻译“appeared”，从意思上来看，翻译是对的，达到了“信”的标准。

ii）天空露出一线曙光。

例句 ii）用“露出”来翻译“appeared”，变通地使用字典上的意思“出现”，达到“达”甚至“雅”的标准。

iii）天空中曙光初露。

例句 iii）用一字词语进一步推敲，得出个“初”字，令整个句子“雅”气十足。

17. A faint smile flickered across her lips.

i）她嘴角上闪烁着一丝微笑。

例句 i）用了“闪烁着”来翻译“flickered across”，表面上是可以接受的，但“flickered across”有一闪而过的意思，因此严格来说，尚未达“信”的标准。

ii）她嘴角上闪过一丝微笑。

例句 ii）用“闪过”来翻译“appeared”，变通地使用字典上“出现”的意思，达到了“达”甚至“雅”的标准。

iii）一丝微笑从她的嘴角掠过。

例句 iii）在例句 ii）的基础上，用一字词语推敲，得出个“掠”字，比“闪”字更准确，更富有“雅”气。

18. Give me a call as soon as you get there so that I don't worry.

i）到了那儿给我挂个电话，让我不必挂念。

例句 i）用了“让”来翻译“so that”，译得对，达到“信”的标准。

ii）到了那儿给我挂个电话，省得我挂念。

例句 ii）用“省得”来翻译“so that”，比例句 i）的“让”有所提高，达到了“达”的标准。

iii）到了那儿给我挂个电话，免我挂念。

例句 iii）在例句 ii）的基础上，进一步用一字词语推敲，得出个“免”字，读来非常顺口，达到了“雅”的标准。

19. If only I had my life to live over again.

i）如果我的生命能重新开始就好了。

这个英语句子属于虚拟语气的范畴。

例句 i) 用“如果……就好了”来翻译“If only”，是正确的，已达到了“信”的标准。

ii) 但愿我的生命能重新开始！

例句 ii) 用“但愿”来翻译“If only”，较例句 i) 更精炼、更切合虚拟语气的原意，已达“达”的要求。

iii) 如果我的生命能重新开始，该有多好啊。

例句 iii) 在例句 ii) 的基础上，进一步用一字词语推敲，得出个“该”字，加上前面用了“如果”，整个句子就显得非常地道畅顺达，到了“雅”的标准。

20. He was given a good beating.

i) 他被好好地打了一顿。

这里用“好好地打了一顿”来翻译“a good beating”，意思是翻译出来了，达到了“信”的标准。

ii) 他被狠狠地打了一顿。

例句 ii) 用“狠狠地打了一顿”来翻译“a good beating”，是经过推敲分析后得出来的结果，是达到了“达”的要求。

iii) 他被狠狠地揍了一顿。

例句 iii) 在例句 ii) 的基础上，进一步用一字词语推敲，把“打”字提炼成“揍”字，显得生动传神，达到了“雅”的标准。

1.2　英美文学名著选译示范例句

1. The young lady, to whom all eyes had been turned before, and were now turned again, stood up where she had sat. Her

father rose with her, and kept her hand drawn through his arm.（摘自英国作家狄更斯的《双城记》：Ch. Dickens, *A Tale of Two Cities*, ch. 3）

i）那位年轻女士，曾经有许多眼睛转过来看她，现在那些眼睛再又转过来看她，从她坐着的地方站起来，她爸爸跟着也站起来，让她的手穿过他的臂弯。

例句 i）基本上能够把文字的意思翻译出来，但由于照字面直译，并没有作变通处理，所以句子并不畅顺，让我们试看例句 ii）和例句 iii）是怎样处理的：

ii）那位年轻女士，刚才曾吸引过许多人的注视，现在再又吸引那些人的注视，从座位上站起来，她爸爸跟着也站起来，让她的手继续穿在他的臂弯上。

例句 ii）在例句 i）的基础上进行了初步的修改，例如把"曾经有许多眼睛转过来看她"改为"吸引过许多人的注视"，从而避免了句子拖泥带水，把"从她坐着的地方站起来"改为"从座位上站起来"，这样句子就简练得多了，"让她的手穿过他的臂弯"也没有"让她的手继续穿在他的臂弯上"好，而且例句 i）也没有把英语的"kept"（继续）译出来，例句 ii）已达"达"的标准。

iii）刚才曾吸引所有人目光的那位年轻女士，现在再次吸引那些人的目光。她从座位上站起来，她爸爸跟着也霍然站起来，让她的手继续挽着他的臂弯。

例句 iii）在例句 ii）的基础上进行进一步推敲，把第一句理顺为"刚才曾吸引所有人目光的那位年轻女士"，使整个句子的结构大为改观，英语“rose”有“霍然站起来”的意思，所以加了“霍然”两字，另外用一字词语提炼出“挽”字，使整段文字平添不少“雅”气，注意，“all eyes”是“所有人的目光”，例句 i）和例句 ii）都没有翻译出来。

2. I was all in all then to him, or would he have given up his fortune, his family, as he nobly did to make me happy?（摘自英国作家萨克雷的《名利场》：W. Thackeray, *Vanity Fair*, ch. XXXI）（all in all = 最心爱的）

i）当时我就是他的一切，不然他怎么会愿意为了要我快乐，慷慨地把自己的财产和家庭都放弃了呢？

例句 i）已把文字的意思翻译出来了，达到了“信”的要求，但有几个地方仍需注意：一、用“当时我就是他的一切”来翻译“I was all in all then to him”，二、用“怎会愿意”来翻译“would + 疑问句”，三、用“慷慨地”来翻译“nobly did”。

ii）当时她心里只有我，不然他怎么会情愿为了要我快乐，毫不犹豫地把自己的财产和家庭都放弃了呢？

例句 ii）在例句 i）的基础上进行推敲，对上述问题作了相应的改进，例如把“当时我就是她的一切”改为“当时她心里只有我”，就更顺畅些，用“情愿”来代替“愿意”，则更有内涵，用“毫不犹豫地”取代“慷慨地”也是恰当的，因为“nobly did”表示一种潇洒的态度，整段文字已达“达”的要求。

iii）当时我是她心中的至爱，否则他怎会肯为了要我快乐，而毫不惋惜地把自己的财富和家庭都放弃了呢？

例句 iii）在例句 ii）的基础上进行提炼，把“当时她心里只有我”改为“当时我是她心中的至爱”，这样不单更精炼，也更贴近原意，因为英语“all in all”的中心意思就是“至爱”，用一字词语“肯”来代替“情愿”，表示更加果断，用“毫不惋惜地”取代“毫不犹豫地”也是恰当的，因为“毫不惋惜地”除了表示一种潇洒的态度之外，还表示决断。

3. ... the tale flew from man to man, from group to group, from home to home with little less than telegraphic speed.（摘自美国作家马克·吐温的《汤姆·索耶历险记》：M. Twain, *The Adventures of Tom Sawyer*, ch. 11）

i）……这故事从一个人传到另一个人，从一个群组传到另一个群组，从一个家庭传到另一个家庭，以比发电报略为慢一点的速度，飞一样快速地传开了。

例句 i）已把文字的意思翻译出来了，达到了“信”的要求，但由于重复地使用“从”字，行文显得啰嗦，另外，许多句子也不够简练。

ii）……这故事快速地传播开去，以比发电报略为慢一点的速度，从一个人传到另一个人，从一个群组传到另一个群组，从一个家庭传到另一个家庭。

例句 ii）只是把例句 i）的最后一句改头换面地放在句子的最前面，其他方面是原封不动的。

iii）……这故事人传人，群组传群组，家传家户传户，以接近发电报的速度，飞快地传开了。

例句 iii）在例句 ii）的基础上进行提炼，用了“人传人，群组传群组，家传家户传户”，去掉了三个“从”字，大大提升了句子的质量；“以接近发电报的速度”也比“以比发电报略为慢一点的速度”为自然畅顺；一字词语“传”是这段文字的中心词，三个例句都用上了。

4. There was cheer in every face, and a spring in every step. The locust trees were in bloom, and the fragrance of the blossoms filled the air.（摘自美国作家马克·吐温的《汤姆·索耶历险记》: M. Twain, *The Adventures of Tom Sawyer*, ch. 2）

i）每一张脸孔都带着欢乐的情绪，每一个脚步都带有春天的气息。洋槐正在开花，空气中充满花香。

原文的意思非常浅显，没有什么难点，但却是一段充满诗意的文字，要达到“信”容易，要翻译得好就难。这是需要反复推敲的。

例句 i）已把文字的意思翻译出来了，达到了“信”的要求，但文字译得很一般，毫无文采。

ii）每张脸孔都洋溢着欢乐的情绪，每个脚步都弥漫着春天的气息。洋槐正在开花，花香在空气中飘荡。

例句 ii）在例句 i）的基础上进行推敲修改，在用词上进行了提炼，例如把“带着欢乐的情绪”改为“洋溢着欢乐的情绪”，把“带有春天的气息”改为“弥漫着春天的气息”，把“空气中充满花香”改为“花香在空气中飘荡”，使这些文字增加了诗意。

iii）流露在每张脸孔上的是无限欢乐，伴随着每个脚步的是盎然春意。洋槐正在开花，空气中花香四溢。

例句 iii）在例句 ii）的基础上再接再厉，使用修辞手段，改变了第一二句的句子结构，并尽量使用优雅的语言，使这两句话顿时变得眼前一亮，最后用一字词语“溢”来结束整段话，应该说是求“雅”的范例。

5. Brassbound. ... You greenhorns, he is more likely to send you all to penal servitude if you are fools enough to give him the chance.（摘自爱尔兰戏剧家萧伯纳的 Captain Brassbound's Conversion: B. Shaw, *Captain Brassbound's Conversion*, act II）

i）布拉斯鲍恩：……你们这些傻瓜，如果你们太过愚蠢，给了他抓到你们的机会，他一定会把你们通通都判处劳役。

例句 i）基本上能够把文字的意思翻译出来，但并不太畅顺，有几个地方值得注意：①用“太过愚蠢”来翻译“fools enough”；②用“一定”来翻译“more likely”；③用“通通”来翻译“all”。

ii）布拉斯鲍恩：……你们这些傻瓜，要是你们愚蠢到如此地步，给了他抓到你们的机会，他很可能会把你们全部都判处劳役。

例句 ii）对上述问题作了相应的改进，例如把“太过愚蠢”改为“愚蠢到如此地步”，从而使之能和下句“给了他抓到你们的机会”有机地连接起来；用“很可能”来代替“一定”是恰当的，因为“more likely”的原意就是“很可能”的意思。整段文字已达“达”的要求。

iii）布拉斯鲍恩：……你们都是蠢材，如果你们过于天真，让他有机会抓到，他准把你们全都判处劳役。

例句 iii）在例句 ii）的基础上进行了推敲，把“愚蠢到如此地步”改为“过于天真”，用“准”来代替“很可能”，这不仅是用一字词语提炼的成果，意思也更贴近原意，也把“通通”和“全部”改为一字词语“全”。另外一提：例句 i）和例句 ii）都把“greenhorns”译成“傻瓜”，不如“蠢材”准确。

6. He told us to give attention. Then he strikes a most noble attitude, with one leg shoved forwards, and his arms stretched away up, and his head tilted back, looking up at the sky...（摘自美国作家马克·吐温的《哈克贝里·费恩历险记》：M. Twain, *Huckleberry Finn*. Ch. XXI）（strikes an ... attitude = 作姿态）

i）他叫我们注意。跟着他就摆出一副非常高贵的姿态，把一条腿迈到前面，两只胳臂往上伸开，头往背后翘起，望着天上。

例句 i）的译文较粗糙，例如把“attitude”译成“姿态”，把“head tilted back”译成“头往背后翘起”，以及没有把“shoved”的意思译出来，等等，应该说还没有达到“信”的标准。

ii）他叫我们注意。跟着他就摆出一个极为高贵的姿势，把一条腿猛然迈到前面，两只胳臂往上伸开，头往背后倾斜，眼望天上。

例句 ii）对例句 i）的问题进行了改善，把“姿态”改为“姿势”，事实上“姿态”和“姿势”是有分别的，把“头往背后翘起”改为“头往背后倾斜”，也把“shoved”译成“猛伸”，使这段文字一举到了“信”和“达”的标准 。

iii）他叫我们注意。跟着他就摆出一个极“高雅”的姿势，把一条腿猛伸到前面，两只胳臂向上伸开，头往后倾，两眼朝天。

例句 iii）在例句 ii）的基础上进行过细修改，以引号的“高雅”代替“高贵”，这里原文明显是在说反话，是说“不雅”的意思，用“头往后倾”代替“头往背后倾斜”，这令句子更精炼，意思也更准确，又采用了“极”、“猛”和“倾”，是用一字词句推敲的成果，“两眼朝天”也比“眼望天上”大为改进。

7. But several share-holders now rose and same speaker said testily: “We might as well go home. If the chairman’s got no voice, can’t somebody read for him?”（摘自英国作家高尔斯华绥的 Caravan I, *A stoic*: J. Galsworthy, *Caravan I, A stoic*, ch. II）（as well = 倒不如）。

i）但这时有几个股东站了起来，刚才那个发言人急躁地说：“我们不如回去的好。如果主席今天嗓子有毛病，就没有人可以代他读一读吗？”

例句 i）已基本上把文字的意思翻译了出来，但有几个地方需要注意：①用“发言人”来翻译“speaker”；②用“急躁地”来翻译“testily ”；③用“不如……的好”来翻译“as well”。

ii）但这时有几个股东站了起来，刚才讲话的那个人用不耐烦的口气说：“我们不如回去吧。如果主席今天嗓子有毛病，难道就没有人可以代他读一读吗？”

例句 ii）对上述问题作了相应的改进，例如把“发言人”改为“讲话的那个人”，因为那个人并不是代表什么的“发言人”，而只不过是一个在某会议上讲了几句话的人罢了；用“不耐烦的口气”来代替“急躁地”，因“testily”虽有“急躁”的意思，但处于这里的特定场合，“不耐烦”更合适；用“不如回去吧”取代“不如回去的好”，主要是这样说比较简练；另外例句 i）没有把“can't”译出，这里用“难道”补上。

iii）但这时有几个股东站了起来，先前说话的那个人不耐烦地说：“我们倒不如回去的好。若然主席今天嗓子有问题，难道就没有人可以代他读一读吗？”

例句 iii）在例句 ii）的基础上进一步提炼，把“不耐烦的口气”精简为“不耐烦地”；在“不如回去的好”前面加上一字词语“倒”字，这样，“as well”的意思就被全面翻译出来了，达到了“雅”的标准。

8. Don't you think for one moment that I don't know of Benenice Fleming here in New York, and how you're dancing attendance on her — because I do.（摘自美国作家德莱塞的 The Titan: Th. Dreiser, *The Titan*, ch. LVII）（dancing attendance on her = 奉承）

i）你一分钟都不要以为我不知道纽约这儿的白丽莱茜·傅列名，以及你在怎样讨好她——因为我知道这些事情。

例句 i）已把文字的意思全都译了出来，达到了“信”的准则，但仍有两处需要改善：一、用“一分钟”来翻译“for one moment”，二、用“讨好”来翻译“dancing attendance”。

ii）你绝对不要以为我不认识纽约这儿的白丽莱茜·傅列名，不知道你在怎样向她大献殷勤——因为我知道这些。

例句 ii）在例句 i）的基础上对上述问题进行推敲，把

“一分钟”改为“绝对”，整个句子变得通顺起来；用四字词语“大献殷勤”来代替“讨好”，也有颇大的提高。

iii）你千万别以为我没听说过纽约这儿的白丽莱茜·傅列名，也不知道你正在怎样对她阿谀奉承—因为我都知道啊。

例句 iii）在例句 ii）的基础上进行改进，以“千万”代替“绝对”，读起来更加流畅，把“大献殷勤”改为“阿谀奉承”，更加贴近原意，因为“dancing attendance”的中心意思就是“奉承”。另外，“因为我知道这些（事情）”这句话略嫌啰嗦，现用了一字词语“都……啊”，这样，就更口语化些，还有，英语“know of”的意思是“听说”和“了解”，所以这里把“认识”改为“听说”。

二、二字词语提炼示范

2.1 单句选译示范例句

1. He has met with repeated setbacks.

i）他不断遭受挫折。

例句 i）用了“不断”来翻译“repeated”是对的，已达“信”的标准。

ii）他一次又一次受到挫折。

例句 ii）用“一次又一次”来代替例句 i）的“不断”，虽然“一次又一次”和“不断”是同义，但“一次又一次”有强调的性质，而“不断”则没有，因而例句 ii）已达“达”的标准。

iii）他连番遭受挫折。

例句 iii）在例句 ii）的基础上用二字词语进一步推敲，得出“连番”二字，比“一次又一次”更适合于此场合，而且大为简练，达到“雅”的要求。

2. John is of about the same age as she.

i）约翰和她的年龄一样。

例句 i）用“年龄一样”来翻译“the same age as”是对的，已达“信”的要求。

ii）约翰和她同龄。

例句 ii）用“同龄”来翻译“the same age as”，读来畅顺，比例句 i）的“年龄一样”大有提高，已达“达”甚至“雅”的标准。

iii）约翰和她的年龄相若。

例句 iii）进一步用二字词语推敲，得出“相若”两字，显得流畅而优雅，达到“雅”的标准。

3. He found her expression unusual.

i）他发现她的表情和平时不一样。

例句 i）用“和平时不一样”来翻译“unusual”，这是一般的意思，虽已达到了“信”的要求，但缺点是过于平淡。

ii）他发现她的表情有点不寻常。

例句 ii）经过推敲和分析后，用“不寻常”来代替例句 i）的“和平时不一样”，在用词上大有所进步，达到了“达”的标准。

iii）他发现她的表情有异。

例句 iii）在例句 ii）的基础上进一步推敲，得出二字词语“有异”，简明扼要，具语言魅力，达到了“雅”的标准。

4. Her reputation has been damaged by these people.

i）她的名誉被这些人破坏了。

例句 i）照字面意思把“damaged”翻译成“破坏”，算是不过不失，达到了“信”的标准，但仍嫌一般化。

ii）她的名誉被这些人败坏了。

例句 ii）经过推敲，改用“败坏”来翻译“damaged ”，提高了语言的针对性，从而达到了“达”的要求。

iii）她的名誉让这些人给玷污了。

例句 iii）在例句 ii）的基础上进一步推敲，用上了二字词语“玷污”，“玷污”最为适用于这个场合，达到了“雅”的标准。

5. Anyone who is assigned to do the job should have the sense of propriety.

i）叫谁办这件事都要知所进退。

这里用四字词语“知所进退”来翻译“the sense of propriety”，虽然文字优雅，但略嫌啰嗦。已达到了“信”的标准。

ii）叫谁办这件事都要办得得体。

例句 ii）用字典上的意思“得体”来翻译“the sense of propriety”，达到了“达”的标准。

iii）叫谁办这件事都要有分寸。

例句 iii）在例句 ii）的基础上再接再厉，作进一步推敲，用上了二字词语“分寸”，它比“得体”更适用于此场合，达到了“雅”的标准。

6. Pessimism prevailed over the whole stock market.

i）整个股票市场普遍出现悲观情绪。

例句 i）用“普遍出现”来翻译“prevailed over ...”，是对的，已达到了“信”的标准。

ii）整个股票市场充满着悲观情绪。

例句 ii）用“充满着”来翻译“prevailed over ...”，比例句 i）的“普遍出现”较为精炼，达到了“达”的标准。

iii）整个股票市场弥漫着悲观情绪。

例句 iii）在例句 ii）的基础上作进一步推敲，选用了二字词语“弥漫”，更准确、更适用于此场合，达到了“雅”的标准。

7. Her cheeks were suffused with blushes.

i）她两颊出现了红晕。

例句 i）把“suffused with blushes”翻译成“出现了红晕”，算是中规中矩，达到了“信”。

ii）她两颊泛起了红晕。

例句 ii）经过推敲，改用“泛起了红晕”来翻译“suffused with blushes”，用“泛起”来翻译“suffused”，很具针对性，达到了“达”甚至“雅”的标准。

iii）她两颊一片绯红。

例句 iii）在例句 ii）的基础上继续推敲，选用了二字词语“一片绯红”，这里“一片”有“完全”的意思，“一片绯红”就能恰如其分地表达“两颊泛起了红晕”所表现的意思，且更为简洁传神和具有“雅”气。

8. The fellow got what he deserved.

i）这家伙得到今天应有的下场。

例句 i）用“应有的下场”来翻译“what he deserved”，是正确的，达到了“信”的准则。

ii）这家伙是罪有应得。

例句 ii）经过推敲，改用四字词语“罪有应得”来翻译“what he deserved”，比例句 i）“应有的下场”有很大的提高，达到了“达”甚至“雅”的标准。

iii）这家伙有今天如此的下场，活该。

例句 iii）在例句 ii）的基础上继续推敲，用了二字词语“活该”，比起“罪有应得”，在“雅”方面也许略为逊色，但胜在简洁有力。

9.The plane pulled up through the clouds and then into the vast expanse of the blue sky.

i）飞机飞过云层，然后进入广阔的蓝天。

例句 i）把“vast expanse”翻译成“广阔”，算是中规中矩，达到了“信”，但仍有改进空间。

ii）飞机越过云层，进入一望无际的蓝天。

例句 ii）改用四字词语“一望无际”来翻译“vast expanse”，并且去掉了“然后”，使整个句子变得亮丽起来，达到了“达”的标准。

iii）飞机穿过云层，进入浩瀚的蓝天。

例句 iii）在例句 ii）的基础上继续推敲，用了二字词语“浩瀚”，更为简洁有力，达到了“雅”的标准。

10. There is a limit to one’s life, but no limit to one’s cause.

i) 人的生命是有限度的，但事业是无穷尽的。

例句 i ）用了“有……无”的结构来翻译“There is ... no”是对头的，已达“信”的标准，但句子仍嫌不够简练。

ii) 人的生命是有限的，但事业是无限的。

例句 ii ）保留了“有……无”的结构，但改善了句子，变成：“有限的……无限的”，较例句 i ）精炼，达到了“达”的标准。

iii) 人的生命有限，而事业无穷。

例句 iii ）用二字词语继续推敲，得出“有限……无穷”更简练的结构，且更适合于此场合，达到“雅”的要求。

11. He looked thoroughly ferocious.

i) 他面上露出凶相来。

例句 i ）用了“露出凶相来”来翻译“looked thoroughly ferocious”，把原文的意思译出来了，已达“信”的标准，但仍有改进的空间。

ii) 他面露凶相。

例句 ii ）把例句 i ）的“他面上露出凶相来”改造成“他面露凶相”，在意思完全不变的情况下，使句子得到明显的改善，应该达到了“达”的标准。

iii) 他面上凶相毕露。

例句 iii ）在例句 ii ）的基础上继续推敲，选出二字词语“毕露”，更加形象化，达到了“雅”的标准。

12. To argue with her is like beating the air.

i) 跟她辩论无异于对牛弹琴。

例句 i）用“对牛弹琴”来翻译“beating the air”，翻译得不太准确，需进一步推敲。

ii）跟她辩论简直是徒劳无功。

例句 ii）用四字词语“徒劳无功”来代替“对牛弹琴”，这里英语“beating the air”的意思就是“白费气力”，所以“徒劳无功”是对的，达到了“达”的标准。

iii）跟她辩论等于白搭。

例句 iii）在例句 ii）的基础上进行推敲，用了二字熟语“白搭”，简明扼要地把“beating the air”的意思恰当地翻译了出来，达到“雅”的标准。

13. The more he thought of it, the more he was convinced there was something fishy about it.

i）他越想越觉得其中有问题。

例句 i）用“其中有问题”去翻译“something fishy about it”，在意思上是对的，也达到了“信”的要求，但仍有推敲的余地。

ii）他越想越觉得不对头。

例句ii）经过推敲，改用三字熟语“不对头”来翻译“something fishy about it”，比例句 i）进了一步，达到了“达”的标准。

iii）他越想越觉得当中有诈。

例句 iii）在例句 ii）的基础上用二字词语继续推敲，选出“有诈”，不但译意准确，亦甚有“雅”气。

14. He treated their servants well, but expected them always to know their place.

i）他对待仆人们不错，但期望他们时时做好本分工作。

例句 i）用“做好本分工作”来翻译“know their place”，是对的，达到了“信”的要求。

ii）他对待仆人们不错，但期望他们能时刻安分守己。

例句 ii）用四字词语“安分守己”来代替例句 i）的“做好本分工作”，使句子更加简练，并把“时时”改进为“时刻”，已符合“达”的准则。

iii）他对待仆人们很好，但希望他们能时刻守本分。

例句 iii）在例句 ii）的基础上推敲，用了二字词语“守本分”，虽然与“安分守己”是同义，但更为精炼，达“雅”的标准。

15. Her seductive eyes flew up; she gazed at his eyes.

i）她眼波荡漾，注视着他的眼睛。

例句 i）把“seductive eyes flew up”翻译为“眼波荡漾”，是一种意译，虽然流畅，但并不十分准确，应该说没有达到“信”的要求。

ii）她一双诱人的秀眼，凝视着他的眼睛。

例句 ii）用“诱人的秀眼”来代替例句 i）的“眼波荡漾”，比较贴近原文的意思，“凝视”也优于“注视”，达到了“达”的标准。

iii）她飞起媚眼，凝视着他的眼睛。

例句 iii）在例句 ii）的基础上，进一步用二字词语推敲，得出“媚眼”二字，加上用“飞起”来翻译“flew up”，准而“雅”。

16. She backed out of the room with charming anger.

i）她有点娇声不悦地退出房间。

例句 i）用“娇声不悦”来翻译“charming anger”，隐隐约约有这样的意思，但并不确实，难以说达到了“信”的准则。

ii）她略为恼怒地退出房间，那样子是挺可爱的。

由于这是一个难译的句子，例句 ii）干脆把“charming anger”分开两处来译，但比起例句 i）来并无多大改进，亦难符合“达”的准则。

iii）她娇嗔地退出房间。

例句 iii）在例句 ii）的基础上，进一步用二字词语推敲，得出“娇嗔”二字，一举达到了“信”、“达”和“雅”的标准。

17. I was immediately stupefied at the sight of her brilliant beauty.

i）我看到她时，顿时对她的美丽有一种吃惊的感觉。

例句 i）把“stupefied at the sight of her brilliant beauty”翻译成“对她的美艳有一种吃惊的感觉”，意思上没有错，应该说已基本达到了“信”的要求，但太过啰嗦了。

ii）我看到她时，顿时对她的美艳感到震惊。

例句 ii）用“对她的美艳感到震惊”来代替例句 i）的句子，虽然在句子结构上有所改进，但“震惊”用在此场合并不适合，因而很难说已达到了“达”的要求。

iii）我一眼看见她时，顿时有一种惊艳的感觉。

例句 iii）在例句 ii）的基础上用二字词语作进一步推敲，得出“惊艳”二字，顿时使人眼前一亮，亦一举达到了“达”和“雅”的准则。

18. It's years since I last saw her, but she looked as if her youth had been stolen.

i）我们多年没见，我发现她仿佛失去了青春。

例句 i）用“她仿佛失去了青春”来翻译“as if her youth had been stolen”，意思上没有错，但句子仍嫌一般化。

ii）我们多年没见，我发现她仿佛没有留住青春。

例句 ii）用“仿佛没有留住青春”来代替例句 i）的“仿佛失去了青春”，这里“没有留住青春”比“失去了青春”好得多，达到“达”的标准。

iii）我们多年不见，她似乎青春不再了。

例句 iii）在例句 ii）的基础上继续推敲，用了二字词语“不再”，与前面的“青春”连读，成了在此场合不二之选的成语，达到了“雅”的标准。

19. She went away; her face revealed the colour of slight anger.

i）她有点不高兴地离开。

例句 i）把“slight anger”翻译成“有点不高兴”是对的，已达到了“信”的要求，但略嫌一般化。

ii）她脸上露出一丝怒意地离开。

例句 ii）用四字词语“一丝怒意”来代替例句 i）的“有点不高兴”，更为雅致，达到“达”的准则。

iii）她脸带微愠地离开。

例句 iii）在例句 ii）的基础上继续推敲，选用了二字词语“微愠”，比起“一丝怒意”更上一层楼，很为优雅，已达“雅”的标准。

20. She was a bit over fifty, but she didn't look going old.

i）她五十开外了，但一点都看不出老。

例句 i）用“看不出老”来翻译“didn't look going old”，译意没有错，基本达到了“信”的要求。

ii）她五十开外了，但并不显出老态来。

例句 ii）用“不显出老态来”来代替例句 i）的“看不出老”，文字上有所改进，符合“达”的准则。

iii）她五十开外了，看样子一点都不显老。

例句 iii）在例句 ii）的基础上，用二字词语进一步推敲，得出“不显老”二字，读来顺畅得多了，达到“雅”的标准。

21. He felt that it was a shame to be in the same company with them.

i）与那些人做朋友他感到羞耻。

例句 i）用“与……做朋友”来翻译“in the same company with”，译意是对的，已达“信”的要求，但仍可进一步提炼。

ii）他以与那些人交往为耻。

例句 ii）用“与……交往”来代替例句 i）的“与……做朋友”，明显是精炼得多，加上用“为耻”来代替例句 i）的“感到羞耻”，就达到了“达”甚至“雅”的标准。

iii）他感到他耻于与那些人为伍。

例句 iii）进一步推敲，用了二字词语“为伍”，加上前面的“耻于与……”，恰到好处地完成这句话的翻译，达到“雅”的标准。

22. She did her work perfectly well.

i）她工作做得非常好。

例句 i）把“perfectly well”翻译成“非常好”，这毫无疑问是对的，已达“信”的要求，但仍可进一步推敲。

ii）她工作做得好极了。

例句 ii）用“好极了”来代替例句 i）的“非常好”，这里用了起加强语气作用的汉语补语“极”，更加适合用于此场合，达到了“达”的标准。

iii）她的工作是无可挑剔的。

例句 iii）在例句 ii）的基础上进一步推敲，选用了二字词语“挑剔”，比“好极了”更胜一筹，达到“雅”的标准。

23. Overcome by fear, he took to his heels.

i）他非常害怕，当即逃跑。

例句 i）用“当即逃跑”来翻译“took to his heels”，译意是对的，已达“信”的要求，但仍可进一步推敲。

ii）他害怕得不禁立即逃跑。

例句 ii）用“不禁立即逃跑”来代替例句 i）的“当即逃跑”，虽然只是多用了“不禁”二字，但就有了明显的进步，达到了“达”的标准。

iii）他害怕得拔腿便逃。

例句 iii）在例句 ii）的基础上作进一步推敲，选用了二字词语“拔腿”，不仅更贴近原意，还非常生动，达到“雅”的标准。

24. I would rather you had never said so.

i）如果你从没说过这些话就好了。

这个英语句子属于假设语气的范畴。

例句 i）把“would rather”翻译成“如果……就好了”，意思是对的，已达“信”的要求，但还需要进一步推敲。

ii）但愿你从没说过这些话。

例句 ii）用二字词语“但愿”来代替例句 i）的“如果……就好了”，有了明显的改进，达到了“达”的标。

iii）我宁可你从没说过这些话。

例句 iii）在例句 ii）的基础上，用二字词语进一步推敲，选出“宁可”二字，得到进一步的升华，达到了“雅”的标准。

25. He was overcome with unutterable grief.

i）他悲伤得连话都说不出来。

例句 i）把“unutterable grief ”翻译成“悲伤得连话都说不出来”，意思是对的，已达“信”的标准，但句子显得非常啰嗦，需进一步推敲。

ii）他被一种难以说出的悲伤所支配。

例句 ii）用“难以说出的悲伤”来翻译“unutterable grief ”，明显比例句 i）的“悲伤得连话都说不出来”精炼得多，达到了“达”的标准。

iii）他悲伤得难以言说。

例句 iii）在例句 ii）的基础上，选用二字词语“言说”，与前面的“难以”一起连读，译文就显得恰到好处，达到“雅”的标准。

2.2 英美文学名著选译示范例句

1. The rush of the water, and the booming of the mill, bring a dreamy deafness, which seems to heighten the peacefulness of the scene.（摘自英国女作家乔治·艾略特的《弗洛斯河上的磨坊》：G. Eliot, *The Mill on the Floss*, book one, ch. I）

i）水的流动声和水磨转动时发出的隆隆声，使人进入梦幻般的耳聋状态，这种状态似乎加深了现场的平静。

例句 i）已把文字的意思全都译了出来，达到了“信”的准则，但仍有两处需要改善：①用“梦幻般”来翻译“dreamy”；②用“现场”来翻译“the scene”，还有其他一些地方需要进一步提炼。

ii）水的流动声和水磨转动时发出的隆隆声，使人进入模模糊糊的耳聋状态，这种状态似乎加深了整个场景的平静。

例句 ii）在例句 i）的基础上对上述问题进行推敲，把“梦幻般”改为“模模糊糊”，虽然“dreamy”有“梦幻般”的意思，但用在此场合并不适合；用“场景”来代替“现场”，较为贴近原意，已达“达”的标准。

iii）水的流动声，以及水磨转动的隆隆声，使人进入昏昏欲睡的耳聋状态，从而使整个场景似乎变得更加平静。

例句 iii）在例句 ii）的基础上，把第一句分为两句，以加强主语的力量，把“这种状态”删去，用“从而”引导下一个句子，这样读起来就流畅得多了；把例句 ii）的“模模糊糊”改为“昏昏欲睡”，与原意更加贴近，达到“雅”的标准。

2. This last breach between the two lads was not readily mended, and for some time they spoke to each other no more than was necessary.（摘自英国女作家乔治·艾略特《弗洛斯河上的磨坊》：G. Eliot, *The Mill on the Floss*, book two, ch.5）

i）两个小伙子上一次破裂，后来并没有立即补救，在以后的一段时间里，他们只有在有必要时才会交谈。

例句 i）已把文字的意思全都译了出来，达到了“信”的要求，但仍有几处需要改进：①用“破裂”来翻译“breach”；②用“补救”来翻译“mended”；③用“交谈”来翻译“spoke to each other”。

ii）两个小伙子上一次关系破裂后，并没有立即修补，在以后的一段时间里，他们在没有必要时都不会讲话。

例句 ii）对上述问题进行改进，把“破裂”改为“关系破裂”，把“补救”改为“修补”，把“交谈”改为“讲话”，这样就有了相当的改进，“交谈”表示友好，因此这里不适用，例句 ii）已达“达”的标准。

iii）两个小伙子上一次闹翻，后来并没有很快和好，在往后的一段时间里，没有必要时他们都不会和对方谈话。

例句 iii）在例句 ii）的基础上，把“关系破裂”改为“闹翻”，把“修补”改为“和好”，把“讲话”改为“和对方谈话”，这样就更贴近原意，而且文字畅顺得多了，达到“雅”的标准。

3. Five o'clock had hardly struck on the morning of the nineteenth of January, when Bessie brought a candle into my closet and found me already up and nearly dressed.（摘自英国女作家夏洛蒂·勃朗特的

《简·爱》：Ch. Bronte, *Jane Eyre*, ch. 5）

i）一月十九日早上，时钟刚敲响了五下，贝西拿一支蜡烛到我的小房间来，发现我已经起来，并差不多穿着完毕。

例句 i）已把文字的意思基本上译出来了，但仍有两处需要改进：①用“拿一支蜡烛到我的小房间来”来翻译“brought a candle into my closet”；②用“差不多”来翻译“nearly”。

ii）一月十九日早上，时钟刚敲响了五下，贝西手上拿着一支蜡烛进入我的小房间，发现我已经起来，并即将穿着完毕。

例句 ii）在例句 i）的基础上对上述问题进行推敲，把“拿一支蜡烛到我的小房间来”改为“手上拿着一支蜡烛进入我的小房间”，从英语的字面意思来看，“brought a candle into my closet”有“拿一支蜡烛到我的小房间来”的意思，但实际上她“拿一支蜡烛”是她自己作照明之用，而不是拿进“我”房间来给“我”用；用“即将”代替“差不多”，不错，英语“nearly”有“差不多”的意思，但结合上下文看，“即将”较好，例句 ii）已达“达”的标准。

iii）一月十九日早上，时钟刚敲响了五下，贝西手持一支蜡烛走进我的小房间，发现我已经起来，并快穿着完毕。

例句 iii）在例句 ii）的基础上，把“进入”改为“走进”，虽然意思差不多，但“走进”较为口语化；把例句 ii）的“即将”改为“快”，使文字更流畅；用了二字词语“手持”，平添一些“雅”气。

4. The object of all this staring and blaring, was a young man of about five-and-twenty, well grown and well-looking, with a

sunburnt cheek and a dark eye. His condition was that of a young gentleman.（摘自英国作家狄更斯的《双城记》：Ch. Dickens, *A Tale of Two Cities*, Book Two, ch. 2）

i）这所有的注视和嘈杂声所针对的是一个大约二十五岁的年轻人，他发育得很好，样貌好看，有一个被太阳晒黑的脸蛋和一双黑眼睛。是一个年轻绅士的样子。

例句 i）已把文字的意思都译了出来，达到了“信”的标准，但仍有两处需要改进：①用“所针对的”来翻译“The object”，②用“样子”来翻译“condition”。

ii）这所有的注视和嘈杂声的对象，是一个约二十五岁的年轻人，他身体发育得很好，样貌英俊，有一个被太阳晒黑的脸蛋和一双黑眼睛。是一个年轻绅士的模样。

例句 ii）在例句 i）的基础上进行推敲，把“所针对的”改为“对象”；把“样子”改为“模样”，已达“达”的标准。

iii）这所有的注视和嘈杂声的对象，是一个二十五岁左右的年轻人，他身体发育良好，样貌俊朗，有一个被太阳晒黑的脸蛋和一双黑眼睛。是一个年轻绅士的派头。

例句 iii）在例句 ii）的基础上，用二字词语推敲，把“模样”改为“派头”，使之更贴近原文的意思，达到“雅”的标准。

5. Darcy coldly said，“She is tolerable; but not handsome enough to tempt *me*, and I am in no humour at present to give consequence to young ladies who are slighted by other men ...”（摘自英国女作家奥斯汀的《傲慢与偏见》：J. Austen, *Pride*

and prejudice, Volume I, ch. III）

i）达西冷冷地说："她马马虎虎还可以，但她的样貌不至于吸引我，我目前没心情去为被其他男士奚落的年轻姑娘撑腰。"

例句 i）已把文字的意思全都译了出来，达到了"信"的准则，但仍有几处需要改进：①用"马马虎虎还可以"来翻译"tolerable"；②用"样貌"来翻译"handsome"；③用"奚落"来翻译"slighted"；④用"撑腰"来翻译"give consequence to"。

ii）达西冷冷地说："她勉强还过得去，但她不至于漂亮到吸引我，我目前没心情去为被其他男士怠慢的年轻姑娘出头。"

例句 ii）在例句 i）的基础上，把"马马虎虎还可以"改为"勉强还过得去"，用"漂亮到"来代替"样貌"，用"怠慢"来代替"奚落"，用"出头"来代替"撑腰"。"奚落"是个好字眼，但用在这里不准确，例句 ii）已达"达"的标准。

iii）达西冷冷地说："她勉强还可以，但她不至于漂亮到吸引我，我目前没心情去为被其他男士冷落的年轻姑娘抱不平。"

例句 iii）在例句 ii）的基础上，把"勉强还过得去"改为"勉强还可以"，这里用了三字词语"抱不平"，超越了"撑腰"和"出头"；又用二字词语进行推敲，得出"冷落"二字，更加贴近原意，达到"雅"的标准。

6. The quarrel gave the elder lady numberless advantages which she did not fail to turn to account with female ingenuity and perseverance.（摘自英国作家萨克雷的《名利场》：W. Thackeray, *Vanity Fair*, ch. XXXVIII）（turn to account = 利用，从中得益）

i）经过那次吵架之后，老太太得到无数的优势，而且她用女人固有的本领和耐心，不断成功地利用这些优势。

例句i）已把文字的意思都译了出来，达到了“信”的准则，但仍有几处需要改进：①用“老太太得到无数的优势”来翻译“gave the elder lady numberless advantages”；②用“女人固有的本领”来翻译“female ingenuity”；③用“耐心”来翻译“perseverance”。

ii）那次吵架之后，老太太在许多事情上都占有优势，而且她使出女人固有的灵巧性和坚持，不断成功地利用这些优势。

例句ii）在例句i）的基础上，把“老太太得到无数的优势”改为“老太太在许多事情上都占有优势”，把“固有的本领和耐心”改为“固有的灵巧性和坚持”，可以看得出，这些改动都比例句i）有所进步。

iii）那次吵架的结果，使老太太凡事都占尽上风，她还以女人的细密心思和韧性，不遗余力地利用这些有利条件。

例句iii）在例句ii）的基础上进一步推敲，把译文作了较多的改动，把“female ingenuity”翻译为“女人的细密心思”，把“perseverance”翻译成二字词语“韧性”，把“did not fail to”翻译成四字词语“不遗余力”，把“advantages”翻译为“有利条件”，这样整段译文就变得富有文采，达到了“雅”的标准。

7. “I wonder what we do next,” said I. “Guess we sail right in,” returned Jim, and suited the action to the word.（摘自英国作家斯蒂文森的 The Wrecker: R. Stevenson, *The Wrecker*, ch. X）（suited the action to the word = 一面说一面做）

i）“我不知道我们下一步做什么，”我说。“我猜想是立即神态自若地进去吧，”詹姆回答说，说完他便走进屋子里。

例句 i）已把文字的意思全都译了出来，达到了“信”的准则，但仍有两处需要进一步推敲：①用“我不知道我们下一步做什么”来翻译“I wonder what we do next”；②用“神态自若地进去”来翻译“sail right in”。

ii）“我不知道我们下一步怎么办，”我说。“大概是立即坚定地进去吧，”詹姆回答说，说完便往屋子里走。

例句 ii）在例句 i）的基础上对上述句子进行推敲，把“下一步做什么”改为“下一步怎么办”，但似乎两句的意思分别不大，又把“神态自若地进去”改为“坚定地进去”，但“神态自若”和“坚定”都是字典上的意思，难分高下。

iii）“我们跟着做什么呢？”我问。“我想我们应当立即果断走进去，”詹姆答道，说着就走进屋子里。

例句 iii）把“I wonder what we do next”改译成“我们跟着做什么呢”，这个改动是有道理的，既然是个问句，“我不知道”就是多余的，删去了它，句子就变得更加简练，用二字词语“果断”来代替例句 i）和例句 ii）的“神态自若”和“坚定”，更贴近原文的意思，达到了“雅”的标准。

8. Absolute. Really, sir, you have the advantage of me. I don't remember ever to have had the honour….（摘自英国戏剧家谢里丹的《情敌》：R. Sheridan, *The Rivals*, act V, sc. 2）（have the advantage of = 胜过某人）

i）阿布索留特：先生，实在有点失敬，我不记得曾有幸地和阁下见过面……

例句 i）已把文字的意思都译了出来，达到了“信”的准则，但仍有两处可进一步推敲：①用“实在”来翻译“Really”；②用“失敬”来翻译“have the advantage of”。

ii）阿布索留特：说老实话，先生，你太抬举我了，我不记得曾经有幸和阁下见过面……

英语“Really”是单独一句的，是起强调作用的，但例句 i）的“实在”不是单独一句，而是与后面的“有点失敬”连在一起，所以不够准确。例句 ii）把“实在”改为“说老实话”，又把“有点失敬”改为二字词语“抬举”，是有所提高的。

iii）阿布索留特：说真的，先生，我不敢高攀，我记不起曾经荣幸地和阁下相会过……

例句 iii）在例句 ii）的基础上，用“说真的”来代替“说老实话”，应该说是有所改进的；这里的二字词语“高攀”，比“抬举”略胜一筹，达到了“雅”的标准。

三、三字词语提炼示范

3.1 单句选译示范例句

1. You never regard what I say.

i）你从来不重视我的话。

例句 i）用“不重视我的话”来翻译“regard what I say”，意思是翻译出来了，但仍嫌不够贴切。

ii）你从来不听我的话。

例句 ii）用了“不听我的话”去代替“不重视我的话”，在意思上就贴切了，应该说，已达到“达”的标准。

iii）你从来就把我的话当作耳旁风。

例句 iii）在例句 ii）的基础上继续推敲，用三字词语“当作耳旁风”去代替例句 ii）的“不听我的话”，就更接贴切了，已达“雅”的标准。

2. He praised her so that she became overjoyed.

i）她被他称赞得非常开心。

例句 i）用“非常开心”来翻译“became overjoyed”，翻译是对的，已经达到“信”的标准，现在试将它和以下的翻译句子作一比较：

ii）她被他称赞得乐不可支。

例句 ii）用四字词语“乐不可支”去代替“非常开心”，毫无疑问是前进了一大步，应该说，已经达到“达”的标准。

iii）她被他称赞得飘飘然。

例句 iii）在例句 ii）的基础上进一步推敲，得出三字词语“飘飘然”，结合前面“称赞”二字，就是绝好的配搭了，已达“雅”的标准。

3. Her clothes were wet through.

i）她的衣服全湿了。

例句 i）用“全湿了”来翻译“wet through”，译对了，已经达到了“信”的标准，现试将它和以下的翻译句子作一比较：

ii）她的衣服湿透了。

例句 ii）用了“湿透了”显然比“全湿了”略胜一筹，应该说，已达“信”的标准。

iii）她的衣服湿淋淋的。

例句 iii）在例句 ii）的基础上进一步推敲，选用三字词语“湿淋淋”去代替例句 ii）的“湿透了”，有了进一步的提高，显得更加生动传神，已达到“雅”的标准。

4. He tried to smooth things over by saying so.

i）他说这些话是企图把事情打发过去。

例句 i）用“打发过去”来翻译“smooth… over”，意思是翻译出来了，已达“信”的标准，但仍可进一步推敲。

ii）他说这些话是企图把事情掩饰过去。

例句 ii）用了“掩饰过去”去代替“打发过去”，“打发”是中性词，但这里的原文显然是略带贬义，所以用“掩饰”较为准确，例句 ii）已达“达”的标准。

iii）他说些话的目的是要打圆场。

例句 iii）在例句 ii）的基础上进一步推敲，用三字词语“打圆场”去代替例句 ii）的“遮掩过去”，更为准确和自然，已达到了“雅”的标准。

5. He is a man whom you cannot afford to offend.

i）他是个不好对付的人。

例句 i）用“不好对付”来翻译“cannot afford to offend”，翻译得还可以，已经达到“信”的标准。

ii）他这个人是不好惹的。

例句 ii）用三字词语“不好惹”去代替“不好对付”，因为“惹”是用于主动，而“对付”则是用于被动，例句 ii）已达“达”的准则。

iii）他这个人你是惹不起的。

例句 iii）在例句 ii）的基础上作进一步推敲，用了三字熟语“惹不起”，把英语“cannot afford to offend”的意思不折不扣地翻译了出来，达到了“雅”的标准。

6. We smashed the enemy pillbox to smithereens.

i）我们把敌人的碉堡打得破烂不堪。

例句 i）把“smashed… to smithereens”翻译成“打得破烂不堪”，意思是翻译出来了，已达“信”的标准，但仍有推敲的余地。

ii）我们把敌人的碉堡打得粉碎。

例句 ii）用了“打得粉碎”去代替“打得破烂不堪”，用词上有所进步，达到了“达”的标准。

iii）我们把敌人的碉堡打个稀巴烂。

例句 iii）在例句 ii）的基础上作进一步推敲，选用了三字词语“打个稀巴烂”，很适用于此场合，达到了“雅”的标准。

7. Her heart swelled with happiness.

i）她内心感到非常快乐。

例句 i）用“非常快乐”来翻译“swelled with happiness”，意思基本上是翻译出来了，已经达到“信”的标准，但仍可作进一步推敲。

ii）她内心充满了喜悦。

例句 ii）用“充满了喜悦”去代替“非常快乐”，因为英语“swelled with”有“充满”之意，所以比例句 i）略胜一筹，已达“达”的标准。

iii）她乐得心里开了花。

例句 iii）在例句 ii）的基础上作进一步推敲，选用三字熟语“乐得……开了花”去代替“充满”，形象地把英语“swelled with happiness”的意境翻译了出来，达到了“雅”的标准。

8. It must be too much for you to walk such a long way.

i）要你走这么多的路恐怕太辛苦了。

例句 i）用“太辛苦了”来翻译“too much”，翻译是没错的，已达“信”的标准。

ii）要你走这么多的路恐怕你顶不住。

例句 ii）用三字熟语“顶不住”去代替“太辛苦了”，这无论在用词上或准确性上，都有所提高，达到了“达”的标准。

iii）要你走这么多的路恐怕你吃不消。

例句 iii）在例句 ii）的基础上作进一步推敲，选用三字词语“吃不消”去代替“顶不住”，在用词上更胜一筹，达到了“雅”的标准。

9. She chattered about the matter for quite a while.

i）她把这件事唠叨了一段颇长的时间。

例句 i）用“一段颇长的时间”来翻译“for quite a while”，是译对了，已经达到“信”的标准，但还不够精练。

ii）她把这件事唠叨了好一会。

例句 ii）用“好一会”去代替例句 i）的“一段颇长的时

间”，明显地较为简练和畅顺，已达“达”的标准。

iii）她把这件事唠叨了老半天。

例句 iii）在例句 ii）的基础上作进一步推敲，得出三字词语“老半天”，达到了“雅”的标准。

10. Don’t let it weigh on your mind.

i）你不要因此事而感到苦恼。

例句 i）用“感到苦恼”来翻译“it weigh on your mind”，基本上是对的。

ii）你不要为此事而感到内心不安。

例句 ii）用“感到内心不安”去代替“感到苦恼”，有一定的提高，因为加上了“内心”，就能把英语“on your mind”的意思都翻译了出来，已达“达”的标准。

iii）你不要为此事而背思想包袱。

例句 iii）在例句 ii）的基础上作进一步推敲，选用三字词语“背……包袱”去代替“内心不安”，形象地把英语“it weigh on your mind”的原意翻译了出来，达到了“雅”的标准。

11. There, get downstairs, little bag of bones.

i）去，下楼梯去，你这瘦小子。

例句 i）用“瘦小子”来翻译“little bag of bones”，意思是翻译出来了，达到了“信”的标准。

ii）去，下楼梯去，你这骨瘦如柴的小鬼。

例句 ii）用四字词语“骨瘦如柴的小鬼”去代替“瘦小子”，明显较有文采，已达“达”的标准。

iii）去，下楼梯去，你这皮包骨的小家伙。

例句 iii）用三字词语进一步推敲，得出“皮包骨”，更加形象化，而使用“小家伙”一词，更具亲切感。

12. She was rather compatible once you talked with her.

i）和她谈开了，就感觉她很谈得来。

例句 i）用“谈得来”来翻译“compatible”，基本上是对的，达到了“信”的标准，但还不算是十分准确，试比较以下的译法：

ii）和她谈开了，就觉得她很合得来。

英语“compatible”有“兼容”之意，因此例句 ii）用了“合得来”来翻译，表示不仅仅是交谈，因此，“合得来”就显得更加准确。

iii）和她谈开了，觉得她好相处。

例句 iii）在例句 ii）的基础上，用三字词语进一步推敲，得出“好相处”，比“合得来”更胜一筹，达到“雅”的水准。

13. How comes it that he became so haughty?

i）他怎么会变得那么傲慢？

例句 i）用“怎么会变得”来翻译“How comes”，翻译是对的，已经达到“信”的标准，我们试比较以下的译法：

ii）他为什么会变得那么傲慢？

例句 ii）用了“为什么会变得”来翻译英语的“How comes”，但只是从“怎么”变成“为什么”，两个句子在意思上差别不大。

iii）怎么搞的，他变得那么傲慢？

例句 iii）在例句 ii）的基础上进行推敲，用了三字熟语

"怎么搞"，很适合用于此场合，达到了"雅"的标准。

14. All the lights on the Christmas trees flashed on together.

i）圣诞树上所有的灯都一瞬间亮了起来。

例句 i）把"flashed on"翻译成"一瞬间亮了起来"，翻译是对的，已达到"信"的标准。

ii）圣诞树上所有的灯一下子都亮了起来。

例句 ii）用了"一下子"，代替例句 i）的"一瞬间"，虽然两者之间在词义上没有太大的差异，但前者还是较适用于此场合的，因为"一下子"比"一瞬间"为自然，例句 ii）已达"达"的标准。

iii）圣诞树上所有的灯霎时间一齐亮了起来。

例句 iii）在例句 ii）的基础上，用三字词语作进一步推敲，选出"霎时间"，它比"一下子"更准确，加上与后面的"一齐"连读，更是在此场合的不二之选，达到了"雅"的标准。

15. Look, how she cut a sorry figure!

i）你看她搞成这个可怜样！

例句 i）用"搞成这个可怜样"来翻译"cut a sorry figure"，翻译基本上是对的，达到了"信"的标准。

ii）你看她搞成这个难堪样！

例句 ii）用了"搞成这个难堪样"来翻译"cut a sorry figure"，把例句 i）的"可怜样"改为"难堪样"，较接近英语的原意，已达"达"的标准。

iii）你看她搞成这个狼狈相！

例句 iii）在例句 ii）的基础上进一步推敲，选出三字词语“狼狈相”三字，无论是在准确性上或是在选词上，都远胜例句 ii）的“难堪样”，已达“雅”的标准。

16. They are speculators eager for a quick profit.

i）他们是些致力于急功近利的投机商。

例句 i）用“致力于”来翻译“eager for”，用“急功近利”来翻译“a quick profit”，意思是翻译出来了，已达“信”的标准，现试与下面的译法作一比较：

ii）他们是些急于谋取暴利投机商。

例句 ii）用“急于”来代替例句 i）的“致力于”，这是对的，因为“致力于”通常是用于正面的事情，“急于”是个中性词，但用在此场合也很合适，又用“谋取暴利”来代替“急功近利”，已达“达”的标准。

iii）他们是些热衷于赚快钱的投机商。

例句 iii）用三字词语进一步推敲，得出“赚快钱”，这是直译“a quick profit”之作，与前面的“热衷于”连读，成了甚具“雅”气的最佳搭配。

17. She suffered wrong all her life.

i）她一辈子受到不公正的对待。

例句 i）用“受到不公正的对待”来翻译“suffered wrong”，是译对了的，已经达到了“信”的标准。

ii）她受了一辈子的冤屈。

例句 ii）用了“受……冤屈”来代替例句 i）的“受到不公正的对待”，句子精简了许多，而且意思也更准确，已达“达”的标准。

iii）她背了一辈子的黑锅。

例句 iii）在例句 ii）的基础上进一步推敲，得出三字词语“背黑锅”，应该说它比“受……冤屈”更胜一筹，已达到了“雅”的标准。

18. She felt so deeply ashamed of herself that she didn’t want to see people.

i）她如此羞愧以致她不想见人。

例句 i）用“不想见人”来翻译“didn’t want to see people”，这是照字面直译之作，意思是翻译出来了，达到了“信”的标准，但仍嫌过于一般。

ii）她羞愧得无地自容。

例句 ii）用四字词语“无地自容”去代替“不想见人”，“无地自容”是意译，较有文采，已达“达”的标准。另外，一般不主张用“如此……以致”来翻译英语的“so ... that ”，一般用“得”字结构就可以了，例如这里的“羞愧得无地自容”。

iii）她羞愧得无面目见人。

例句 iii）进一步推敲，选用三字词语“无面目见人”，把英语“didn’t want to see people”的意思，用优雅的文字表达了出来。

19. She said that she would press forward even though the situation was much more difficult.

i）她表示再困难也要努力前进。

例句 i）用“努力前进”来翻译“press forward”，基本上把原文的意思翻译出来了，已达“信”的标准，但缺点是过于一般。

ii）她表示再困难也要奋力向前。

例句ii）用了“奋力向前”来翻译“press forward”，“奋力”比“努力”的力度要大，而且决心更大，已达“达”的标准。

iii）她表示再困难也要顶住上。

例句 iii）在例句 ii）的基础上继续推敲，使用了三字词语“顶住上”，比“奋力”更进一步，达到了“雅”的标准。

20. A fisherman's dream of becoming an instant millionaire-even a billionaire—went up in smoke yesterday when a cache he found at sea turned out to be camphor wood rather than the super-rare agar wood.

i）一个渔民想一下子成为百万富翁——甚至是亿万富豪的美梦，昨天破灭了，因为他在海上找到的那块大木头，证实并不是极稀有的沉香，而是樟木。

这是个长句，要注意的重点词语如下：“dream”，“an instant”和“went up in smoke”。

例句 i）用“一下子”来翻译“an instant”；用“美梦”来翻译“dream”；用“破灭”来翻译“went up in smoke”，都译得对，达到了“信”的标准，但仍有进一步推敲的余地，试将之与以下翻译句子作一比较：

ii）一个渔民想一瞬间成为百万富翁——甚至是亿万富豪的白日梦，昨天破灭了，因为他在海上找到的那块大木头，证实并不是极稀有沉香，而是樟木。

例句 ii）用三字词语“白日梦”来代替“美梦”，这里英语的“dream”并无说明是什么梦，译者只是从上下文的意思中加以引伸而得出的结论，在此场合中，“白日梦”无疑要比“美梦”为合适；用“一瞬间”去代替“一下子”，显然也是经过推敲得出来的；用“破灭”来翻译“went up in smoke”，保留例句 i）的译法，总的来说，例句 ii）较例句 i）有较大的提高，已达“达”的标准。

iii）昨天，一个渔民发现他在海上找到的那块巨木，原来并非极稀有的沉香，而只不过是樟木，这时，他想一夜间成为百万富翁——甚至是亿万富豪的春秋大梦，就彻底破灭了。

例句 iii）在例句 ii）的基础上作进一步推敲，用四字词语“春秋大梦”来代替例句 ii）的“白日梦”，这两个词语是同义词，但前者的语气更为强烈；选用三字词语“一夜间”来代替例句 ii）的“一瞬间”，更符合汉语习惯；用“彻底破灭”来代替“破灭”，因英语“went up in smoke”就有“彻底”的意思；值得注意的是，例句 iii）改变了原文的句子结构，从而译出富有文采的文字来，达到了“雅”的标准。

3.2 英美文学名著选译示范例句

1. Bingley was by no means deficient, but Darcy was clever. He was at the same time haughty, reserved, and fastidious, and his manners, though well bred, were not inviting.（摘自英国女作家奥斯汀的《傲慢与偏见》：J. Austen, *Pride and Prejudice*, ch. IV）

i）宾利并非不完美，但达西聪明。他同时又骄傲、沉默寡言和挑三拣四，而且他的仪态，尽管受过良好的教育，却不为人们所欣赏。

例句 i）用“骄傲、沉默寡言和挑三拣四”来翻译“haughty, reserved, and fastidious”，用“受过良好的教育”来翻译“well bred”，把意思译出来了，达到了“信”的标准，但仍有推敲的空间。

ii）宾利并非不完美，但达西聪明。他同时又傲慢，内向和吹毛求疵，而且他的仪态，尽管有良好的教养，却不为人们所欣赏。

例句 ii）用“傲慢，内向和吹毛求疵”代替“骄傲、沉默寡言和挑三拣四”，这两个词语的意思虽然基本相同，但前者还是略胜一筹的，而“有良好的教养”也比“受过良好的教育”为佳，已达“达”的标准。

iii）宾利并非不够完美，但达西聪明。他同时又傲慢、矜持和爱挑剔，而且，尽管很有教养，他的仪态却不为人们所欣赏。

例句 iii）在例句 ii）的基础上进一步推敲，用“傲慢、矜持和爱挑剔”来代替例句 ii）的“傲慢，内向和吹毛求疵”，又用“很有教养”来代替例句 ii）的“有良好的教养”，从而使整段译文读来朗朗上口，达到了“雅”的标准。

2. He got on excellently well with the “old salt” whose boat they used, for he was at his best with simple folk.（摘自英国作家高尔斯华绥的《河那边》：J. Galsworthy, *Beyond*, part II, ch. II）（at his best = 善于）

i）他跟那个把船借给他们用的“老水手”的关系极好，因为他善于和那些普普通通的人打交道。

例句 i）用“关系极好”来翻译“got on excellently well with”，用“普普通通的人”来翻译“simple folk”，译得还可以，达到了“信”的标准，但仍嫌一般化。

ii）他跟那个借船给他们用的“老水手”相处得非常融洽，因为他善于和单纯的人打交道。

例句 ii）用“相处得非常融洽”代替“关系极好”，意思虽然一样，但由于用了四字词语，就显得语感更加流畅，又用“单纯”代替“普普通通”，用词上也有提高，达到了“达”的标准。

iii）由于他善于和纯朴的人交往，所以他跟把船借给他们的那个“老水手”很合得来。

例句 iii）在例句 ii）的基础上进一步推敲，用三字词语“合得来”来代替例句 ii）的“相处融洽”，这里，“合得来”似乎更适用于此场合，加上改变了句子结构，使整段文字变得自然顺畅，达到了“雅”的标准。

3. He had learned… that personal connections were almost the be-all and the end-all in finance.（摘自美国作家德莱塞的《金融家》：Th. Dreiser, *The Financier*, ch. XII）（be-all and the end-all = 生命中的一切）

i）他知道，在财政金融方面，私人关系几乎决定一切。

例句 i）用“决定一切”来翻译“be-all and the end-all”，意思上是译对了，达到了“信”的标准，试将之与以下翻译句子作一比较：

ii）他知道，在财政方面，私人关系几乎是起决定性作用的。

例句 ii）用“起决定性作用”代替“决定一切”，虽然两种译法都差不多，但前者似乎有力些。

iii）他知道，就财政方面而言，几乎一切都取决于私人关系。

例句 iii）在例句 ii）的基础上进一步推敲，灵活调动句子结构，并选用三字词语“就……而言”和“取决于”，使整个句子变得精炼起来，达到了“雅”的标准。

4. “Why, you're as bold as brass!” said Jonas in the utmost admiration. “A man can well afford to be as bold as brass, my good fellow, when he gets gold in exchange!” cried the chairman with a laugh that shook him from head to foot.（摘自英国作家狄更斯的《马丁 · 朱述尔维特》：Ch. Dickens, *Martin Chuzzlewit*, ch. XXVII）（as bold as brass = 厚脸皮）

i）“咳，你真不要脸！”约纳斯极其羡慕地说。“好小子，只要不要脸可以换取黄金，一个人可以不顾后果地不要脸！”主席高声地说，一面笑得全身颤抖。

例句 i）用“真不要脸”来翻译“as bold as brass”，用“不顾后果”来翻译“well afford”，大体上都是译得对的，达到了“信”的标准。

ii）“咳，你真厚脸皮！”约纳斯极其羡慕地说。“好小子，只要厚脸皮可以换取黄金，一个人可以厚脸皮，如果他承受得起后果的话！”主席高声地说，一面笑得全身颤抖。

例句 ii）用“真厚脸皮”代替“真不要脸”，这里“真厚脸皮”和“真不要脸”是同义词，但从本段落的行文来看，“真厚脸皮”较为合适；又用“承受得起后果”来代替“不顾后果”，这里英语“afford to”有“承受”的意思，所以从忠于原文意思的角度来看，例句 ii）还是对的，因此例句 ii）已达“达”的标准。

iii)“咳，你的脸皮真够厚！”约纳斯摆出个极为羡慕的样子说。“好小子，如果厚脸皮就可以换取黄金，一个人大可以厚脸皮！”主席高声地说，一面笑得全身抖动。

例句 iii）在例句 ii）的基础上进一步推敲，用“脸皮真够厚”来代替例句 ii）的“真厚脸皮”，加强了讽刺的口吻，又用了三字词语“大可以”，解决了例句 i）和例句 ii）译句啰嗦的问题。

5. Vacation was approaching. The school master, always severe, grew severer and more exacting than ever, for he wanted the school a good showing on “Examination” day.（摘自美国作家马克·吐温的《汤姆·索耶历险记》: M. Twain, *The Adventures of Tom Sawyer*, ch. 22）

i)假期即将到来，本来一向严厉的校长，现在比过往更加严厉和严格，因为他想趁“考试”日之机，把学校整顿好。

例句 i）用“把学校整顿好”来翻译“a good showing”，译得不够准确，应该说尚未达到了“信”的标准。

ii)假期即将到来，本来一向严厉的校长，现在比过往更加严厉和严格，因为他想学校在“考试”日表现良好。

例句 ii）用“表现良好”代替例句 i）的“整顿好”，因为英语的“a good showing”并无整顿的意思，例句 ii）达到了

“达”的标准。

iii）假期即将到来，本来一向严厉的校长，现在比过往更加严厉和严格，因为他想学校在“考试”日有个好表现。

例句 iii）进一步推敲，得出三字熟语“好表现”，准确地把英语的原意翻译了出来。

6. Sophie came at seven to dress me: she was very long indeed in accomplishing her task; so long that Mr. Rochester, grown, I suppose, impatient of my delay, sent up to ask why I did not come.（摘自英国女作家夏洛蒂·勃朗特的《简·爱》：Ch. Bronte, *Jane Eyre*, ch. 26）

i）索菲于七时到来打扮我：她的确花了很长的时间去完成她的工作；因此，我觉得罗切斯特先生对我迟到失去耐性，所以命人来打听我为何还不来。

例句 i）用“她的确花了很长的时间去完成她的工作”来翻译“she was very long indeed in accomplishing her task”，用“失去耐性”来翻译“impatient”，是译得对的，句子的其他地方都翻译得不错，达到了“信”的标准，试将之与以下翻译句子作一比较：

ii）索菲于七时到来打扮我：她的确非常慢吞吞地去进行她的工作；因此，我感觉到罗切斯特先生对我迟到感到不耐烦，因而命人来打听我为何还不来。

例句 ii）用“她的确非常慢吞吞地去进行她的工作”来代替“她的确花了很长的时间去完成她的工作”，这里例句 ii）是变通之作，而例句 i）是照字面直译，又用三字词语“不耐烦”去代替“失去耐性”，在提炼上前进 了一步，总的来说，例句 ii）较例句 i）有较大的提高，已达“达”的标准。

iii）索菲于七时到来打扮我：她的确工作得非常慢；由于所花时间太长，我觉得罗切斯特先生对我迟到感到不耐烦起来，因而命人来打听我为何还不来。

例句 iii）在例句 ii）的基础上作进一步推敲，用拆句法把上述重点句子一分为二，变成“她的确工作得非常慢；由于所花时间太长”，使整个段落添增了生气，已达“雅”的标准。

7. Maggie loved to linger in the great spaces of the mill, and often came out with her black hair powdered in a soft whiteness that made her dark eyes flashed out with new fire.（摘自英国女作家乔治 · 艾略特的《弗洛斯河上的磨坊》：G. Eliot, *The Mill on the Floss*, book one, ch. 4）

i）玛吉喜欢在水磨坊那广大的旷野上徘徊，她在那里出现时，经常把她的黑发染成浅白色，这令她黑色的眼睛闪烁出新的火花。

例句 i）用“徘徊”来翻译“linger”；用“广大的”来翻译“great”；用“闪烁出新的火花”来翻译“flashed out with new fire”，都译对了，达到了“信”的标准，但仍作可进一步推敲。

ii）玛吉喜欢在水磨坊那广阔的旷野上闲荡，她在那里出现时，经常把她的黑发染成浅白色，这令她黑色的眼睛闪烁生辉。

例句 ii）用“闲荡”代替例句 i）的“徘徊”，对一个小姑娘年来说，“闲荡”胜于“徘徊”；用“广阔的”代替“广大的”，在用词上也有所提高；用“闪烁生辉”去代替“闪烁出新的火花”，这里“闪烁出新的火花”显然是照字面直译之作，因此四字词语“闪烁生辉”更为得体；例句 ii）达到了“达”的标准。

iii）玛吉喜欢流连于水磨坊那广袤的旷野上，每当她在那里出现时，她经常在她黑发上扑上浅白色粉末，这令她的黑眼睛闪烁出新的光采。

例句 iii）在例句 ii）的基础上进一步推敲，用三字熟语“流连于”来代替例句 ii）的“闲荡”，这里“流连于”在准确性上或文采上，都远胜于“闲荡”；“广袤的”也远胜于“广阔的”；例句 ii）的“闪烁生辉”是一个非常美妙的词语，但例句 iii）宁愿舍弃它，而采用“闪烁出新的光采”，这是因为英语“flashed out with new fire”中有“new”字之故，不过，即使如此，这句话翻译得仍然亮丽。另外，注意“with her black hair powdered in a soft whiteness”中的“powered”，并非如例句 i）和 ii）所翻译的“染”，而是扑粉的意思。

8. A clammy and intensely cold mist, it made its slow way through the air in ripples that visibly followed and overspread one and other, as the waves of an unwholesome sea might do.（摘自英国作家狄更斯的《双城记》：Ch. Dickens, *A Tale of Two Cities*, ch. 2）

i）潮湿和极为寒冷的雾，缓慢地涟漪般地在空气中散开，可见地相互跟随和伸展，即如不洁净的海水的波浪所形成的那样。

例句 i）用“涟漪般”来翻译“in ripples”；用“相互跟随

和伸展”来翻译“followed and overspread one and other”，是译对了的，达到了“信”的标准。

ii）潮湿和极为寒冷的雾，缓慢地轻柔起伏地在空气中散开，可见地相互跟随和重迭，即如不洁净海水的波浪所形成的那样。

例句 ii）用“轻柔起伏”代替“涟漪般”，这里“涟漪般”是直译，虽然可以，但毕竟没有“轻柔起伏”好；又用“相互跟随和重迭”来代替“相互跟随和伸展”，英语“overspread”当然可译成“相互伸展”，但仍以“相互重迭”为佳。

iii）潮湿和极为寒冷的雾，缓慢地在空气中波纹形地散开，清楚可见地相互跟随和覆盖，即如不洁净的海水波浪可能会做出的那种情况。

例句 iii）在例句 ii）的基础上进一步推敲，用三字词语“波纹形”来代替例句 ii）的“轻柔起伏”，更为精炼，又用“覆盖”来代替例句 ii）的“重迭”，使之更为准确。

四、四字词语提炼示范

4.1　单句选译示范例句

1. A blank look appeared in her face.

i）她脸上出现了一种木然的表情。

例句 i）把“blank look”翻译成“木然的表情”，意思并不太准确，试比较以下两个翻译句子：

ii）她脸上露出一种茫然的表情。

例句 ii）用“茫然的表情”来代替例句 i）的“木然的表情”，这里英语“blank look”的意思是“茫然”，而“木然”的英语应该是“stupefied”，所以例句 ii）已达“达”的标准。

iii）她一脸茫然若失的表情。

例句 iii）在例句 ii）的基础上，用四字词语推敲，选出了“茫然若失”，比例句 ii）的“茫然的表情”更形象化，加上用了“一脸”，使整个句子紧凑得多，达到了“雅”的准则。

2. They praised him to the skies.

i）他们极力吹捧他。

例句 i）把“praised him to the skies ”翻译成“极力吹捧他”，意思是对的，已达“信”的要求。

ii）他们把他捧上了天。

例句 ii）用“把他捧上了天”来代替例句 i）的“极力吹捧他”，这里英语“praised him to the skies”就有汉语相对应的词语“把他捧上了天”，例句 ii）达到了“达”的标准。

iii）他们把他吹捧得天花乱坠。

例句 iii）在例句 ii）的基础上，作进一步推敲，得出四字词语“天花乱坠”，比“捧上了天”更为优胜，达到了“雅”的要求。

3. You spoke very lightly of it.

i）你倒说得没甚么似的。

例句 i）用“没甚么”来翻译“very lightly of it”，意思是对的，已达“信”的要求，但仍嫌过于一般，试与下面翻译句子作一比较：

ii）你倒说得若无其事似的。

例句 ii）用“若无其事”来代替例句 i）的“没甚么”，显然语气加强了，这里的四字词语也提高了语言质量，达到了“达”的标准。

iii）你倒说得轻描淡写的。

例句 iii）在例句 ii）的基础上，作进一步推敲，选出用四字词语“轻描淡写”，使人有眼前一亮的感觉，达到了“雅”的要求。

4. The chain of events that have taken place recently has annoyed her terribly.

i）近来发生的一连串事件使她感到很烦。

例句 i）把“annoyed her terribly”翻译成“使她感到很烦”，是对了，已达“信”的标准，但仍嫌一般化。

ii）近来发生的一连串事件把她烦死了。

例句 ii）用“把她烦死了”来代替例句 i）的“使她感到很烦”，意思差不多，但“烦死了”更贴近原文的意思，达到了“达”的标准。

iii）近来发生的一连串事件令她心烦意乱。

例句 iii）在例句 ii）的基础上进一步推敲，用了四字词语“心烦意乱”，比例句 ii）的“烦死了”有更大的进步，达到了“雅”的标准。

5. She hated him to the very marrow of her bones.

i）她极之恨他。

例句 i）用“极之恨”来翻译“the very marrow of her bones”，

意思是对的，已达“信”的要求。

ii）她把他恨透了。

例句ii）用“恨透”来代替例句i）的“极之恨”，意思差不多，但这里“恨透”的“透”字，是汉语的补语，其强调程度远高于状语“极之”，达到了“达”的标准。

iii）她对他恨之入骨。

例句iii）在例句ii）的基础上用四字词语进一步推敲，得出了“恨之入骨”，这是照字面直译之作。这里给了我们一个启示：如果汉语有与英语完全相对应的词语，就不必另去推敲寻找了，即如本例句这样。

6. We regarded him as a person impervious to reason.

i）我们把他看作是个不讲理的人。

例句i）把“impervious to reason”翻译成“不讲理”，是译对的，已达“信”的要求，但仍有进一步推敲的空间。

ii）我们认为他是个蛮不讲理的人。

例句ii）用四字词语“蛮不讲理”来代替例句i）的“不讲理”，从而加强了语气，更贴近原意，达到了“达”的标准。

iii）我们觉得他不可理喻。

例句iii）在例句ii）的基础上用四字词语进一步推敲，得出“不可理喻”，比例句ii）的“蛮不讲理”更胜一筹，达到了“雅”的要求。

7. We have put the plan aside.

i）我们已经把计划放在一边了。

例句i）用“放在一边”来翻译“put… aside”，是对的，已达“信”的准则，但仍嫌过于一般化，可作进一步推敲。

ii）我们已经把计划搁置了。

例句 ii）用二字词语“搁置”来代替例句 i）的“放在一边”，有实质性的提高，达到了“达”的标准。

iii）我们已经把计划束之高阁了。

例句 iii）在例句 ii）的基础上进一步推敲，选用四字词语“束之高阁”，比例句 i）的“搁置”更有进境，达到了“雅”的标准。

8. She acquitted herself splendidly.

i）她干得很好。

例句 i）用“很好”来翻译“splendidly”，也是照字面翻译之作，是译对了的，已达“信”的准则。

ii）她干得很出色。

例句 ii）用“很出色”来代替例句 i）的“很好”，意思是加强了，达到了“达”的标准。

iii）她干得出类拔萃。

例句 iii）在例句 ii）的基础上作进一步推敲，得出四字词语“出类拔萃”，明显地比例句 ii）的“很出色”优胜，达到了“雅”的要求。

9. There suddenly came a heavy rain.

i）突然下了一场大雨。

例句 i）把“There suddenly came”翻译成“突然下了”，是译对了的，已达“信”的要求。

ii）突然下起一阵大雨来。

例句 ii）用“突然下起……来”来代替例句 i）的“突然下了”，意思差不多，但“起……来”是汉语趋向动词，有加强动词“突然”的作用，所以较为准确，达到了“达”的标准。

iii）突如其来下起一阵大雨来。

例句 iii）在例句 ii）的基础上进一步推敲，得出四字詞语“突如其来”，它显得很适合于此场合，因而达到了“雅”的要求。

10. He was so excited that he shouted and jumped for joy.

i）他如此兴奋，以致高兴得又叫又跳起来。

例句 i）把“shouted and jumped”翻译成“又叫又跳”，意思是对的，已达“信”的要求，但用“如此……以致”来翻译英语的“so… that”，在这里就显得啰嗦。

ii）他兴奋得大叫大跳起来。

例句 ii）用“大叫大跳”来代替例句 i）的“又叫又跳”，意思差不多，但因英语的“shouted”有“大叫”之意，所以较为准确，达到了“达”的标准。

iii）他兴奋得欢呼雀跃起来。

例句 iii）在例句 ii）的基础上进一步推敲，得出四字词语“欢呼雀跃”，它显得非常适合于此场合，达到了“雅”的要求。

11. He reached success late in life.

i）他晚年才有所成就。

例句 i）用“晚年才有所成就”来翻译“reached success late in life”，意思是对的，已达“信”的要求。

ii）他到晚年才事业有成。

例句 ii）用“晚年才事业有成”来代替例句 i）的“晚年才有所成就”，“事业有成”是四字词语，意思较为清楚，虽然达到了“达”的标准，但仍嫌一般化。

iii）他大器晚成。

例句 iii）在例句 ii）的基础上进一步推敲，选用四字词语“大器晚成”，一举达到了“雅”的标准。

12. Her eyes were brimful of tears as her mother told her her miserable experience in the past.

i）当她妈妈讲述她过去的悲惨遭遇时，她双眼充满了泪水。

例句 i）用“充满了泪水”来翻译“brimful of tears”，是译对了，已达“信”的要求。

ii）当她妈妈讲述她过去的悲惨遭遇时，她双眼泫然欲泪。

例句 ii）用“泫然欲泪”来代替例句 i）的“充满了泪水”，四字词语“泫然欲泪”显然占了上风，达到了“达”的标准。

iii）当她妈妈讲述她过去的悲惨遭遇时，她泪盈于睫。

例句 iii）在例句 ii）的基础上作进一步推敲，选用了四字词语“泪盈于睫”，这里对照英语“brimful of tears”的意思，“泪盈于睫”比“泫然欲泪”更贴近原意，达到了“雅”的标准。

13. Silence suddenly fell on the assembly hall.

i）会场顿时静寂了下来。

例句 i）用“静寂了下来”来翻译“Silence fell on ...”，是对的，已达“信”的要求。

ii）会场顿时变得死一般的沉寂。

例句 ii）用“死一般的沉寂”来代替例句 i）的“静寂了下来”，这里，“死一般的沉寂”的语气较重，较接近原意，达到了“达”的标准。

iii）会场顿时变得鸦雀无声起来。

例句 iii）在例句 ii）的基础上作进一步推敲，选用四字词语“鸦雀无声”，更加生动传神，更加有文采，达到了“雅”的标准。

14. She looked perfectly content.

i）她显得非常满意。

例句 i）把“perfectly content”翻译成“非常满意”，意思不太准确，需进一步推敲。

ii）她显得十分满足。

例句 ii）用“十分满足”来代替例句 i）的“非常满意”，这里，英语“content”的意思是“满足”而不是“满意”，因此“满足”才算译得准确，例句 ii）已达“达”的标准。

iii）她显得心满意足。

例句 iii）在例句 ii）的基础上继续推敲，选出四字词语“心满意足”，达到了“雅”的标准”。

15. She swallowed down what she wanted to say.

i）她想要说些什么又止住了。

例句 i）用“说些什么又止住了”来翻译“swallowed down what she wanted to say”，意思是译对了的，已达“信”的标准。

ii）她刚要说些什么又立即收了回去。

例句 ii）用“说些什么又立即收了回去”来代替例句 i）的“说些什么又止住了”，这里对照英语“swallowed down”的意思，例句 ii）较为贴近原意，达到了“达”的标准。

iii）她欲言又止。

例句 iii）在例句 ii）的基础上进行推敲，选用四字词语“欲言又止”，既精练又更贴近原意，达到了“雅”的标准。

16. This fallacy has long been thoroughly refuted.

i）这个论点已被深入批判。

例句 i）用“深入批判”来翻译“thoroughly refuted”，是译对了，已达“信”的要求。

ii）这个论点已被彻底批判。

例句 ii）用“彻底批判”来代替例句 i）的“深入批判”，这里“彻底”和“深入”两者都可以用，但比较常用的还是“彻底”，例句 ii）已达“达”的标准。

iii）这个论点早已被批得体无完肤。

例句 iii）在例句 ii）的基础上作进一步推敲，选用四字词语“体无完肤”，这是在此场合的不二之选，达到了“雅”的标准。

17. Her face looked glowing with health.

i）她脸上显出健康的气色。

例句 i）用“健康的气色”来翻译“glowing with health”，基本上是照字面直翻译之作，虽然已达“信”的要求，但仍嫌一般化，可作进一步推敲。

ii）她脸色红润。

例句 ii）用“脸色红润”来代替例句 i）的“健康的气色”，这里的四字词语“脸色红润”，显然优于例句 i）的“健康的气色”，例句 ii）达到了“达”的标准。

iii）她显得容光焕发。

例句 iii）在例句 ii）的基础上作进一步推敲，选出四字词语“容光焕发”，它优雅而忠实地把英语的原意表达了出来，达到了“雅”的标准。

18. He is a gentle and cultivated man.

i）他是个温文和有修养的人。

例句 i）用“温文和有修养”来翻译“gentle and cultivated”，是译对了的，已达“信”的要求。

ii）他是个性格和顺和有教养的人。

例句 ii）用“性格和顺和有教养”来代替例句 i）的“温文和有修养”，这里加了“性格”二字，看似多余，其实是有其必要，例句 ii）达到了“达”的标准。

iii）他是个温文尔雅的人。

例句 iii）在例句 ii）的基础上进 一步推敲，选用了四字词语“温文尔雅”，果然令人眼前一亮，达到了“雅”的准则。

19. He often did his work in a slipshod manner.

i）他办事从不认真。

例句 i）把“in a slipshod manner ”翻译成“不认真”，把意思译出来了，已达“信”的要求，但仍可进一步推敲。

ii）他一向办事马虎。

例句 ii）用二字词语“马虎”来取代例句 i）的“不认真”，

更有力量，已达“达”的标准。

iii）他一向办事粗枝大叶。

例句 iii）在例句 ii）的基础上进 一步推敲，选用四字词语“粗枝大叶”，更切合原文的意思，达到了“雅”的标准。

20. He did his work far from perfect.

i）他工作做得离完美还很远呢。

例句 i）把“far from perfect ”翻译成“离完美还很远”，意思是译出来了，已达“信”的要求，但仍有进一步推敲的空间。

ii）他的工作并不是毫无缺点的。

例句 ii）用“不是毫无缺点”来取代例句 i）的“离完美还很远”，这里的“不是毫无缺点”较具成语功能，显得更加有力，例句 ii）已达“达”的标准。

iii）他的工作远不是十全十美的。

例句 iii）在例句 ii）的基础上进一步推敲，选用四字词语“十全十美”，与前面的“远不是”连读，达到了“雅”的标准。

21. We hate him for often cracking himself up.

i）我们讨厌他经常吹牛。

例句 i）用“吹牛”来翻译“cracking himself up”，意思译出来了，已达“信”的要求。

ii）他经常自我吹嘘令人讨厌。

例句 ii）用四字词语“自我吹嘘”来代替例句 i）的“吹牛”，这里用了“自我”二字，把英语的原意准确地翻译了出来，例句 ii）已达“达”的标准。

iii）人们都讨厌他老是自吹自擂。

例句 iii）在例句 ii）的基础上用四字词语作进一步推敲，选用“自吹自擂”，就更加得体了，达到了“雅”的标准。

22. The battlefield was strewn with enemy dead everywhere.

i）战场上到处是敌人的尸体。

例句 i）把“strewn with enemy dead everywhere”翻译成“到处是敌人的尸体”，把意思译出来了，已达“信”的要求，但仍嫌过于一般化，可作进一步推敲。

ii）战场上敌人尸体随处可见。

例句 ii）用“敌人尸体随处可见”来取代例句 i）的“到处是敌人的尸体”，两者似乎差别不大，但例句 ii）用了“随处可见”，显得较为细致，已达“达”的标准。

iii）战场上敌人尸横遍野。

例句 iii）在例句 ii）的基础上作进一步推敲，选用四字词语“尸横遍野”，使人眼前一亮，达到了“雅”的标准。

23. She became attached to him for frequent contact.

i）由于她和他经常接触，就对他产生了感情。

例句 i）把“became attached to him for frequent contact”翻译成“和他经常接触，就对他产生了感情”，这是照字面直译之作，虽然意思译出来了，已达“信”的要求，但仍需作进一步推敲。

ii）她和他接触多了，不觉对他产生了感情。

例句 ii）用“和他接触多了，不觉对他产生了感情”来取代例句 i）的“和他经常接触，就对他产生了感情”，两者在意思上是没有什么区别的，可见这句话是“易译难精”。

iii）她对他日久生情。

例句 iii）在例句 ii）的基础上继续推敲，选用四字词语“日久生情”，一下子就把那长长的句子压缩成四个字，可见汉语词语威力之大，例句 iii）一举达到了“达”和“雅”的标准。

24. Tears streamed down her cheeks as she asked him for forgiveness.

i）她流着眼泪请求他原谅。

例句 i）把“Tears streamed down… as she asked him for”翻译成“流着眼泪请求他”，意思是译出来了，已达“信”的要求。

ii）她泪流满面请求他原谅。

例句 ii）用四字词语“泪流满面请求他”来取代例句 i）的“流着眼泪请求他”，用词上有所进步，达“达”的标准。

iii）她声泪俱下地求他原谅。

例句 iii）在例句 ii）的基础上进一步推敲，用了“声泪俱下”，这里“声泪俱下”只四个字，就把原文的意思生动形象地表达了出来，达到了“雅”的标准。

25. A hubbub of voices arose in the street.

i）街道上人声嘈杂。

例句 i）用“人声嘈杂”来翻译“A hubbub of voices arose”，把意思译出来了，已达“信”的要求。

ii）街道上人声起伏。

例句 ii）用四字词语“人声起伏”来取代例句 i）的“人声嘈杂”，这里的“人声起伏”较优，因为英语原文的“arose”就有“起伏”之意，例句 ii）已达“达”的标准。

iii）街道上人声鼎沸。

例句 iii）在例句 ii）的基础上继续推敲，得出四字词语“人声鼎沸”，用词上有了质的飞跃，达到了“雅”的标准。

4.2 英美文学名著选译示范例句

1. When Jane and Elizabeth were alone, the former, who had been cautious in her praise of Mr. Bingley before, expressed to her sister how very much she admired him.（摘自英国女作家奥斯汀的《傲慢与偏见》：J. Austen, *Pride and Prejudice*, ch. IV）

i）简和伊丽莎白两人单独在一起时，简向妹妹表示：她很欣赏宾利先生，不过在此之前，她在赞扬宾利先生时，一直是采取谨小慎微的态度的。

例句 i）用“表示”来翻译“expressed”，用“欣赏”来翻译“admired”，用“谨小慎微”来翻译“cautious”，都基本上译对了，达到了“信”的标准，但仍有进一步推敲的空间。

ii）简和伊丽莎白两人单独在一起时，简向妹妹透露：她十分仰慕宾利先生，不过在此之前，她在赞扬宾利先生时，一直是谨慎的。

例句 ii）用“透露”代替例句 i）的“表示”，一般来说，“透露”用于私下场合，所以它比“表示”准确；用“仰慕”代替"欣赏"，事实上"仰慕"往往带有男女之情，而"欣赏"则纯粹是中性的；用"谨慎"代替"谨小慎微"，在这里，"谨小慎微"不太适用，因为它通常用于办事，因此例句 ii）达到了"达"的标准。

iii）简和伊丽莎白两人单独相处时，简向妹妹吐露心声说：她极爱慕宾利先生，但在此之前，她赞扬宾利先生时，一直是谨慎从事的。

例句 iii）在例句 ii）的基础上进一步推敲，用"吐露心声"来代替例句 ii）的"透露"，四字词语"吐露心声"在此场合用得恰如其分；用"爱慕"代替"仰慕"，虽然"仰慕"在这里也牵涉男女之情，但"爱慕"更为直截了当，符合原文的意思；又用"谨慎从事"代替"谨慎"，在这里，"从事"二字非常重要，读者可以慢慢领悟其中的奥妙，另外，例句 iii）用了二字词语"相处"来代替例句 i）和例句 ii）的"在一起"，明显地优雅了许多，因此例句 iii）达到了"雅"的标准。

2. I both wished and feared to see Mr. Rochester on the day which followed this sleepless night: I wanted to hear his voice again, yet feared to meet his eyes.（摘自英国女作家夏洛蒂 · 勃朗特的《简 · 爱》：Ch. Bronte, *Jane Eyre*, ch. 16）

i）那天晚上我整夜无法入睡，第二天，我很想见到罗切斯特先生，但同时又害怕见到他：我想再听到他的声音，但又怕看到他的眼睛。

例句 i）用"同时又"来翻译"both"，用"整夜无法入睡"

来翻译“sleepless night”，都基本上译对了，但比较一般化，仍需作进一步推敲。

ii）那天晚上我一夜无眠，第二天，我既很想见到罗切斯特先生，但又害怕见到他：我想再听到他的声音，但又怕看到他的眼睛。

例句 ii）用四字词语“一夜无眠”代替例句 i）的“整夜无法入睡”，“一夜无眠”明显较为优胜，用“既……又”的结构代替“同时又”，从而正确地把英语“both”的意思翻译出来，例句 ii）达到了“达”的标准。

iii）在那个不眠之夜的第二天，我有一种很想见到罗切斯特先生但又害怕见到他的矛盾心情：我想再听到他的声音，但又怕看到他的眼睛。

例句 iii）在例句 ii）的基础上进一步推敲，用四字词语“不眠之夜”来代替例句 ii）的“一夜无眠”，用词更加准确，又用“矛盾心情”代替“既……又”的结构，这是在吃透原文意思的基础上，灵活运用添加法的一个例子，在翻译的准确性上或文采上，都有所突破，达到了“雅”的标准。

3. Night before last I had a singular dream. I seemed to be sitting on a doorstep（in no particular city perhaps）ruminating, and the time of night appeared to be about twelve or one o'clock.（摘自美国作家马克 · 吐温的《奇异的梦》：M. Twain, *A Curious Dream*）

i）前天晚上，我做了个奇特的梦，我好像坐在门口的门阶上（可能没有特定的城市）在思考着，时间似乎是晚上十二点到一点。

例句 i）用“思考着”来翻译“ruminating”，用“似乎”来翻译“appeared”，意思都基本上译出来了，达到了“信”的标准，但仍可作进一步推敲。

ii）前天晚上，我做了个奇特的梦，我好像坐在门口的门阶上（也许没有特定的城市）在沉思中，做梦的时间可能是晚上十二点到一点。

例句 ii）用“在沉思中”代替例句 i）的“思考着”，在这里，前者较为准确，因为英语的“ruminating”有深入思索的意思，又用“可能”代替“似乎”，在这里，上述两个词语的意思都差不多，难分高下，但总的来说，例句 ii）已达到了“达”的标准。

iii）前天晚上，我做了个奇特的梦，我好像坐在门口的门阶上（可能没有特定的城市）陷入沉思，梦境出现的时间是晚上十二点到一点。

例句 iii）作进一步推敲，用四字词语“陷入沉思”来代替例句 ii）的“在深思中”，显然更胜一筹，又用“出现”来翻译“appeared”，加上在吃透上下文含义的基础上，前面添加了“梦境”，使整个句子变得大为流畅，也变得“雅”起来。

4. At eight in the evening the school-house was brilliantly lighted and adorned with wreaths and festoons of foliage and flowers.（摘自美国作家马克·吐温的《汤姆·索耶历险记》：M. Twain, *The Adventure of Tom Sawyer*, ch. 22）

i）黄昏八点钟，整个学校灯光灿烂，饰满了用花朵和绿叶制成的花圈和花彩。

例句 i）用“灯光灿烂”来翻译“brilliantly lighted”，用“花朵和绿叶”来翻译“foliage and flowers”，都译对了，达到了“信”的标准。

ii）黄昏八点钟，整个学校灯火辉煌，饰满了用鲜花和绿叶制成的花圈和花彩。

例句 ii）用“灯火辉煌”代替例句 i）的“灯光灿烂”，这两个四字词语意思一样，用在这里都是恰当的，又用“鲜花和绿叶”来代替“花朵和绿叶”，两者的意思略有不同，前者之所以较优胜，就是因为译者变通地用了“鲜花”，如果照字面翻译的话，应该是“花朵”，但可以联想，这些花朵当然是“鲜花”； 例句 ii）已达到了“达”的标准。

iii）黄昏八点钟，学校一派灯火通明，到处饰满了用鲜花绿叶制成的花圈和花彩。

例句 iii）在例句 ii）的基础上进一步推敲，用了四字词语“灯火通明”，加上前面用了“一派”，就把整个气氛如实翻译出来了，又用“鲜花绿叶”代替“鲜花和绿叶”，使这个词语更加紧凑，注意，这句话的前面加了“到处”，加强了热闹气氛。例句 iii）已达到了“雅”的标准。

5. To Mr. Darcy it was welcome intelligence — Elizabeth had been at Netherfield long enough. She attracted him more than he liked — and Miss Bingley was uncivil to *her*, and more teasing him than usual to him.（摘自英国女作家奥斯汀的《傲慢与偏见》：J. Austen, *Pride and Prejudice*, Volume I, ch. XII）

i）对达西来说，这是值得欢迎的消息——伊丽莎白在内瑟菲尔特待得太久了。他对她的吸引超过了他的期望——而宾利小姐对她没有礼貌，并比平日更加取笑他。

例句 i）把“welcome intelligence”翻译成“值得欢迎的消息”，把“more than he liked”翻译成“超过了他的期望”，把“uncivil”翻译成“没有礼貌”，意思都翻译出来了，达到了“信”的标准，但仍嫌不够精练，可作进一步推敲。

ii）对达西来说，这是个大好消息——伊丽莎白在内瑟菲尔特待得太久了。他对她的吸引超过他所喜欢的程度——而宾利小姐对她很不客气，并比平日更加取笑他。

例句 ii）用“大好消息”代替例句 i）的“值得欢迎的消息”，这里后者是照字面意思直译之作，值得肯定，但“大好消息”有强调之意，更适用于此场合，用“超过他所喜欢的程度”来代替“超过了他的期望”，两者都可以，又用“很不客气”来代替“没有礼貌”，前者语气更强，也更适用于此场合，例句 ii）已达“达”的标准。

iii）对达西来说，这个消息使他大喜过望——伊丽莎白在内瑟菲尔特待得太久了。他对她的吸引超出了他所能接受的程度——而宾利小姐对她不是以礼相待，并比平日更加取笑他。

例句 iii）进一步推敲，用四字词语“大喜过望”来代替例句 ii）的“大好消息”，更能表达达西当时的心情，用“他所能接受的程度”来翻译“more than he liked”，句子变得更为畅顺，又用“不是以礼相待”来代替“很不客气”，不仅更贴近原文的意思，还平添了几分雅气，达到了“雅”的标准。

6. “He called to see my Governor this morning,” replied Mr. Chuckster; “and beyond that, I don’t know him from Adam.”（摘自英国作家狄更斯的《老古玩店》：Ch. Dickens, *The Old Curiosity Shop*, ch. XXXVIII）（not know somebody from Adam = 完全不认识）

i）“早上他来看我上司，”查克斯特先生答道：“除此之外，我对他完全陌生。”

例句 i）用“对他完全陌生”来翻译“don’t know him from Adam”，意思基本上译对了。

ii）“早上他来看我上司，”查克斯特先生答道：“除此之外，我对他完全不认识。”

例句 ii）用“对他完全不认识”代替例句 i）的“对他完全陌生”，这里“认识”与“陌生”不是同义词，英语成语“not know somebody from Adam”的意思是“完全不认识”，因此“认识”较准确，“陌生”在这里是转义的译法，不太准确，例句 ii）达到了“达”的标准。

iii）“他早上来看过我上司，”查克斯特先生答道：“除此之外我对他一无所知。”

例句 iii）在例句 ii）的基础上进一步推敲，选用四字词语“一无所知”来代替例句 ii）的“完全不认识”，在文采上显然略胜一筹，达到了“雅”的标准。

7. The execution of this arrangement so thrilled Tollifer that

he felt as though he were walking on air.（摘自美国作家德莱塞的 *The Stoic*: Th. Dreiser, *The Stoic*, ch. XIV）（walking on air = 喜气洋洋）

i）对这件事的处理使托力佛乐透了，觉得全身轻飘飘似的。

例句 i）用“乐透”来翻译“thrilled”，用“全身轻飘飘”来翻译“walking on air”，都译对了，达到了“信”的标准。

ii）对这件事的处理使托力佛兴奋极了，觉得浑身飘飘然似的。

例句 ii）用“兴奋极了”代替例句 i）的“乐透”，这里英语的“thrilled”有极度兴奋的意思，而“乐透”在程度上还有一定的差距，用“浑身飘飘然”代替“全身轻飘飘”，“飘飘然”在用此场合时，是优胜于“轻飘飘”的，例句 ii）达到了“达”的标准。

iii）对这件事的处理令托力佛兴奋莫名，感到全身仿佛充满了喜悦似的。

例句 iii）在例句 ii）的基础上进一步推敲，用四字词语“兴奋莫名”代替例句 ii）的“兴奋极了”，这里“兴奋莫名”显然较有文采，又用“充满了喜悦”来翻译“walking on air”，英语的“walking on air”的原意就是“喜气洋洋”，例句 iii）已经达到了“雅”的标准。

8. To see a young fellow like that···only ripe for the gallows at five-and-twenty is enough to make the angels weep.（摘自英国作家金斯利的《杰弗里·哈姆林的回忆》：H. Kingsley, *The Recollections of Geoffrey Hamlyn*, ch. XLIII）（enough to make the angels weep = 真叫人一掬同情之泪）

i）眼见一个那样的年轻人，刚满二十五岁，便被送上了断头台，真令人掉泪。

例句 i）用“刚满二十五岁，便被送上了断头台”来翻译“only ripe for the gallows at five-and-twenty”，用“真令人掉泪”来翻译“enough to make the angels weep”，都基本上译对了，但仍需作进一步推敲。

ii）眼见一个那样年纪轻轻的小伙子，才二十五岁，便送上了断头台，不禁令人流下同情之泪。

例句 ii）用“才二十五岁，便送上了断头台”代替例句 i）的“刚满二十五岁，便被送上了断头台”，在这里，这两个词语的意思完全相同，难分高下，又用“不禁令人流下同情之泪”来代替“真令人掉泪”，这里英语“enough to make the angels weep”有“同情之泪”的意思，所以例句 ii）较优胜。

iii）看到一个那么年轻的小伙子，刚够问吊的二十五岁之龄，便被送上了断头台，怎不令人潸然泪下！

例句 iii）在例句 ii）的基础上进一步推敲，用“刚够问吊的二十五岁之龄”来翻译英语的“only ripe for the gallows at five-and-twenty”，对照之下，例句 i）和例句 ii）显然都没有译对，这是懒于下功夫推敲之过，又用四字词语“潸然泪下”来代替例句 ii）的“不禁令人流下同情之泪”，“潸然泪下”流的往往是同情之泪，值得注意的是，这句话采用了感叹句的句子结构，更具震撼力，从而达到了“雅”的标准。

五、五字词语提炼示范

5.1　单句选译示范例句

1. He was so angry that he flushed crimson.

i）他十分生气，气到脸红了。

例句 i）把“flushed crimson”翻译成“脸红了”，意思译出来了，已达“信”的要求。

ii）他气到脸都变红了。

例句 ii）用“脸都变红了”来取代例句 i）的“脸红了”，这里“脸都变红了”多了“都变”二字，不仅加强了语气，还描述了“变”的过程，已达“达”的标准。

iii）他气得脸红脖子粗起来。

例句 iii）在例句 ii）的基础上进一步推敲，得出五字词语“脸红脖子粗”，加上用趋向动词“起来”去表达“变”的动向，更贴近原文的意思，达到了“雅”的标准。

2. You made a very close guess.

i）你猜得非常接近。

例句 i）用“猜得非常接近”来翻译“very close guess”，意思是译对了，已达“信”甚至“达”的标准。

ii）你差不多猜中了。

例句 ii）用“差不多猜中”来取代例句 i）的“猜得非常接近”，两者的意思相差不远，不过“差不多猜中”还是比较顺畅些的。

iii）你猜个八九不离十。

例句 iii）在例句 ii）的基础上进一步推敲，选出五字词语“八九不离十”，有很大的提高，一举达到了“达”和“雅”的标准。

3. Their relationship is so bad that it is like water incompatible with fire.

i）他们关系很差，已成势不两立。

例句 i）用“势不两立”来翻译“like water incompatible with fire”，译得不错，已达“信”的要求。

ii）他们的关系十分恶劣，已到了势如水火的地步。

例句 ii）用“势如水火”来取代例句 i）的“势不两立”，这两个四字词语基本上是同义，在这里都用得很恰当，但例句 ii）更贴近原文的意思，达到了“达”的标准。

iii）他们的关系如此恶劣，达到了水火不相容的地步。

例句 iii）在例句 ii）的基础上，进一步推敲，得出五字词语“水火不相容”，有了进一步的提高，达到了“雅”的标准。

4. He is a man open to persuasion, but not to coercion.

i）他是个只接受劝说而不接受强硬对待的人。

例句 i）把“open to persuasion, but not to coercion”翻译成“只接受劝说而不接受强硬对待”，把意思译出来了，已达“信”的标准，但仍嫌过于啰嗦，需进一步推敲。

ii）他只怕软不怕硬。

例句 ii）用了“只怕软不怕硬”，比起例句 i）的“只接受劝说而不接受强硬对待”，大大精炼了，有了很大提高，例句

ii）已达“达”的标准。

iii）他是个吃软不吃硬的汉子。

例句 iii）在例句 ii）的基础上，进一步推敲，选出五字词语“吃软不吃硬”，更胜一筹，达到了“雅”的标准。

5. He has attained a yet higher goal in his career.

i）他事业上又前进了一步。

例句 i）用“又前进了一步”来翻译“a yet higher goal”，把意思译出来了，已达“信”的标准。

ii）他事业上又有新的进展。

例句 ii）用“又有新的进展”来取代例句 i）的“又前进了一步”，这里二字词语“进展”用得很恰当，已达“达”的标准。

iii）他事业上更上一层楼。

例句 iii）在例句 ii）的基础上进一步推敲，得出五字词语“更上一层楼”，有了质的飞跃，达到了“雅”的标准。

6. His tedious talk bored her to death.

i）他那使人厌烦的谈话烦得她要死。

例句 i）把“tedious”翻译成“使人厌烦的”，意思译出来了，已达“信”的标准。

ii）他那又长又单调的谈话把她烦死了。

例句 ii）用“又长又单调的”来取代例句 i）的“使人厌烦的”，这里英语“tedious”有“冗长”之意，所以例句 ii）较贴近原文的意思，已达“达”的标准。

iii）他那冗长而乏味的谈话把她烦死了。

例句 iii）在例句 ii）的基础上作进一步推敲，用五字熟语“冗长而乏味”，达到了“雅”的标准。

7. It seemed exactly like we saw each other in the dream.

i）这犹如我们在梦中相见一样。

例句 i）用“我们在梦中相见”来翻译“we saw each other in the dream”，把意思译出来了，已达“信”的要求。

ii）这仿佛是我们在梦中相逢。

例句 ii）用“我们在梦中相逢”来取代例句 i）的“我们在梦中相见”，这里“相逢”比“相见”细致些，例句 ii）已达“达”的标准。

iii）这恰似我们相逢在梦中。

例句 iii）在例句 ii）的基础上进一步推敲，得出五字词语“相逢在梦中”，达到了“雅”的标准；这里可注意“seemed exactly like”是如何翻译的，例句 i）用了“犹如”，例句 ii）用了“仿佛”，都是很文雅的词语，例句 iii）用了“恰似”，与“相逢在梦中”连用，显得特别雅致，达到了“雅”的标准。

8. After a day's hard labour I was dead tired.

i）经过一天重劳动，我累极了。

例句 i）用“累极了”来翻译“dead tired”，把意思译出来了，已达“信”的要求。

ii）做了一天重劳动，真累死我了。

例句 ii）用“累死我了”来取代例句 i）的“累极了”，这里，“累死我了”有照字面直译的倾向，但更贴近原意，已达“达”的标准。

iii）做了一天重劳动，累得我全身散了架似的。

例句 iii）在例句 ii）的基础上进一步推敲，得出五字熟语“全身散了架”，达到了“雅”的标准。

9. He acted recklessly, casting all caution to the wind.

i）他乱干一气，把一切都放诸脑后。

例句 i）用“把一切都放诸脑后”来翻译“casting all caution to the wind”，把意思译出来了，已达“信”的要求，但仍可作进一步推敲。

ii）他不顾一切地莽撞从事。

例句 ii）用“不顾一切”来取代例句 i）的“把一切都放诸脑后”，这里“不顾一切”是四字词语，明显地较好，已达“达”的标准。

iii）他不管三七二十一地蛮干一气。

例句 iii）在例句 ii）的基础上进一步推敲，得出五字词语“三七二十一”，它非常适用于此场合，达到了“雅”的标准。

10. Named as China's most beautiful natural landscape, Guilin is a place that has inspired poets and artists for thousands of years.

i）桂林有中国最美丽的山水城市的美誉，它是千百年来诗人、画家从中获取灵感的地方。

例句 i）用“桂林有中国最美丽山水城市的美誉”来翻译“Named as China's Most Beautiful Natural Landscape”，把意思译出来了，已达“信”的要求。

ii）桂林以中国最美丽的山水城市而闻名，它是千百年来诗人、画家们从中获取灵感之处。

例句 ii）用“桂林以中国最美丽的山水城市而闻名”来取

代例句 i）的“桂林有中国最美丽的山水城市的美誉”，这里用“闻名”取代“美誉”，应该说是各有千秋，例句 ii）已达“达”的标准。

iii）桂林素有山水甲天下的美誉，这是千百年来诗人、画家从中获取灵感的地方。

例句 iii）在例句 ii）的基础上进行推敲，得出五字词语“山水甲天下”，还值得注意的是，在“山水甲天下”前面，加了二字词语“素有”，使句子平添几分秀气，在英语的原文中，看不到有这个词，但字里行间却有这个意思，例句 iii）达到了“雅”的标准。

5.2 英美文学名著选译示范例句

1. It never got so far as a hanging matter with him, to be sure: but he had some narrow escapes of penal servitude; and one it was a case of the biter bit.（摘自英国作家哈代的 *The Winters and Palmleys*: Th. Hardy, *The Winters and the Palmleys*）（the biter bit = 骗人反被人骗）

i）上绞架的罪，他当然还说不上，但他好几回幸运地逃避了苦役；有一次他骗人反被人骗。

例句 i）把“narrow escapes”翻译成“幸运地逃避”，把“the biter bit”翻译成“骗人反被人骗”，意思都翻译出来了，达到了“信”的标准。

ii）上绞架的罪，他的确还说不上，但他好几回侥幸地逃避了苦役；有一次他骗人反被人骗，为此吃尽了苦头。

例句 ii）用"侥幸地逃避"代替例句 i）的"幸运地逃避"，这里"侥幸"比"幸运"为准确，又在"骗人反被人骗"后面加上"为此吃尽了苦头"，这一加是有道理的，因为英语"the biter bit"强调"反被人骗"的后果是要付出很大代价的，例句 ii）已达"达"的标准。

iii），的确，他还没有犯上上绞架的罪，但他有好几次险些被抓去服苦役；有一次他害人反害己。

例句 iii）在例句 ii）的基础上进一步推敲，用了"险些被抓去"，比例句 ii）的"侥幸地逃避"更贴近原意，又用五字词语"害人反害己"来翻译"the biter bit"，这里使用了"害"字，就说明其严重后果，达到了"雅"的标准。

2. The coach being already full, he was obliged to postpone his departure until the next night; but even this circumstance had its bright side as well as its dark side ... "So," said Tom comforting himself, "it's very nearly as broad as it's long."（摘自英国作家狄更斯的《马丁·朱述尔维特》：Ch. Dickens, *Martin Chuzzlewit*, Ch XXXVI）（as broad as it's long = 一半一半）

i）马车已经客满了，他不得不延至第二天晚上动身；但这桩事有坏的一面，也有好的一面……"因此，"汤姆安慰自己说，"反正差不多是一半对一半。"

例句 i）把"obliged to"翻译成"不得不"，把"as broad as it's long"翻译成"一半对一半"，意思基本上翻译出来了，但句子不够精练，需要作进一步推敲。

ii）马车已经客满了，他只好延至第二天晚上起程；但这桩事有坏的一面，也有好的一面…… “因此，” 汤姆安慰自己说，“反正差不多好坏参半。”

例句 ii）用“只好”代替例句 i）的“不得不”，在用词上略有进步，又用四字词语“好坏参半”来代替“一半对一半”，有明显的进步，已达“达”的标准。

iii）由于马车已经客满，他唯有延至次日晚上离开；但即使是这桩事，也有好坏的两面…… “因此，” 汤姆安慰自己说，“这差不多是半斤对八两。”

例句 iii）在例句 ii）的基础上作进一步推敲，用“唯有”来代替例句 ii）的“只好”，更有优雅气息，又用五字词语“半斤对八两”来翻译“as broad as it’s long”，句子变得更为畅顺，可注意这里用“次日”来代替例句 i）和例句 ii）的“第二天”，例句 iii）达到了“雅”的标准。

3. The bubble of heredity has been pricked ... and we know now that there is no hereditary “governing class” ...（摘自爱尔兰戏剧家萧伯纳的《人与超人》：B. Shaw, “*Man and Superman*”, *To Arthur Bingham Walkley*）（pricked = 戳穿）

i）所谓遗传性这种骗人的鬼话已经被识破……我们现在知道根本没有遗传来的“统治阶级”。

例句 i）用“遗传性这种骗人的鬼话”来翻译“The bubble of heredity”，用“识破”来翻译“pricked”，都翻译对了，达到了“信”的标准。

ii）所谓与生俱来的这个骗局，已经给戳穿了……我们现在知道根本就没有与生俱来的“统治阶级”。

例句 ii）用“与生俱来的这个骗局”代替例句 i）的“遗传性这种骗人的鬼话”，这里“鬼话”用得非常生动，值得肯定，且“骗局”是原文的意思，同时“与生俱来”要比“遗传性”优胜，“戳穿”也比“识破”为佳，例句 ii）已达“达”的标准。

iii）所谓天赋的这个骗局，其西洋镜已被戳穿……我们现在知道根本就没有天赋的“统治阶级”。

例句 iii）在例句 ii）的基础上继续推敲，用二字词语“天赋”来代替例句 ii）的“与生俱来”，更加精炼和准确，又用五字词语“西洋镜已被戳穿”来代替“戳穿”，使整个句子变得更为流畅，达到了“雅”的标准。

4. “See here,” he exclaimed suddenly, looking sharply at the musician and deciding to take the bull by the horns, “you are in quite as delicate a situation as I am, if you only stop to think.”（摘自美国作家德莱塞的 The *Titan*: Th. Dreiser, *The Titan*, ch. XX）（take the bull by the horns = 断然处理难局）

i）“听我说，”他忽然喊叫道，严厉地看着这个音乐家，决定要当机立断，“你只要静下来想一想，你就知道你的处境正跟我的一样令人头痛呀。”

例句 i）把“looking sharply”翻译成“严厉地看着”，把“take the bull by the horns”翻译成“当机立断”，把“delicate”翻译成“令人头痛”，把意思都译出来了，达到了“信”的标准。

ii）“听我说，”他忽然喊叫道，用尖锐的眼光看着那音乐家，决定速战速决，“你只要静下来想一想，你就知道你的处境正是跟我的一样伤脑筋呀。”

例句 ii）用“尖锐的眼光看着”代替例句 i）的“严厉地看着”，这里“尖锐的眼光看着”较为贴近原意，用“速战速决”代替“当机立断”，两者都是四字词语，意思基本相同，又用三字词语“伤脑筋”代替“令人头痛”，大有进步，例句 ii）已达“达”的标准。

iii）“听我说，”他突然高声叫道，用责备的眼光盯着那音乐家，决定快刀斩乱麻，“你只要静下来想一想，你就会知道你的处境正跟我的一样不妙啊。”

例句 iii）在例句 ii）的基础上进一步推敲，用“用责备的眼光盯着”来代替例句 ii）的“尖锐的眼光看着”，英语“sharply”往往有“责备”之意，“盯着”在此场合用得很妥帖，用五字词语“快刀斩乱麻”来翻译“take the bull by the horns”，又用了“不妙”代替例句 ii）的“伤脑筋”，前者明显较为优胜，整个句子变得更畅顺了，达到了“雅”的标准。

六、六字词语提炼示范

6.1 单句选译示范例句

1. She described the whole thing in such vivid detail that it sounded quite real.

i）她把整件事情说得那么生动具体，就像是真的一样。

例句 i）用“那么生动具体”来翻译“in such vivid detail”，是译对了的，已达“信”的标准。

ii）她把整件事情说得这么栩栩如生，就像是真的一样。

例句 ii）用了四字词语“栩栩如生”，比“生动具体”更为形象化，达到了“达”的标准。

iii）她把整件事情说得有鼻子有眼儿的，就像是真有那么一回事。

例句 iii）在例句 ii）的基础上继续推敲，选用六字词语“有鼻子有眼儿”去翻译“in such vivid detail”，可以算是意译的一个范例，达到了“雅”的标准。

2. She has put all that fear behind her now.

i）现在她已经把所有的恐惧都放在一旁了。

例句 i）用“放在一旁”来翻译“put ... behind her”，翻译是没错的，已达“信”的标准。

ii）现在她已经把所有的恐惧都抛诸脑后了。

例句 ii）用四字词语“抛诸脑后”去代替“放在一旁”，在这里，后者有直译的味道，但也说得通，不过还是比不上“抛诸脑后”，例句 ii）达到了“达”的标准。

iii）现在她已经把所有的恐惧都抛到九霄云外去了。

例句 iii）在例句 ii）的基础上作进一步推敲，选用六字词语“抛到九霄云外”来翻译“put ... behind her”，甚为得体，达到了“雅”的标准。

3. That will make the situation all the more worse.

i）这会使情况变得更加坏。

例句 i）把“all the more worse”翻译成“更加坏”，是译对了的，已达“信”的标准。

ii）这会把情况弄得更糟糕。

例句 ii）用“更糟糕”来代替“更加坏”，这里“糟糕”比“坏”更有力，例句 ii）已达到了“达”的标准。

iii）这会把情况弄得更加一发不可收拾。

例句 iii）在例句 ii）的基础上作继续推敲，选用六字词语“一发不可收拾”去翻译“all the more worse”，这里的“all the more”有强调的意思，因此“一发不可收拾”更切合原意，更生动传神，更适用于此场合，达到了“雅”的标准。

4. Swiftness of action is indispensable to surprise.

i）敏捷的行动对奇袭是必不可少的。

例句 i）把“swiftness of action”翻译成“敏捷的行动”，是译对了的，已达“信”的标准。

ii）出其不意的行动对奇袭是必不可少的。

例句 ii）用四字词语“出其不意”去代替“敏捷的行动”，在这里，前者是意译，后者是照字面直译，各有千秋，但仍以前者的四字词语“出其不意”较优，例句 ii）已达到“达”的标准。

iii）迅雷不及掩耳的行动对奇袭是必不可少的。

例句 iii）在例句 ii）的基础上继续推敲，选用六字词语“迅雷不及掩耳”去翻译“swiftness of action”，准而雅，达到了“雅”的标准。

5. She couldn’t help laughing.

i）她忍不住笑了起来。

例句 i）用“忍不住笑了起来”来翻译“couldn’t help laughing”，是译对了，已达“信”的标准。

ii）她不禁笑了起来。

例句ii）用“不禁笑了起来”去代替“忍不住笑了起来”，在这里，“不禁”比“忍不住”略胜一筹，例句ii）达到了“达”的标准。

iii）她不禁哑然失笑。

例句iii）在例句ii）的基础上进一步推敲，选用六字词语“不禁哑然失笑”去翻译“couldn't help laughing”，达到了“雅”的标准。

6. They try to find a place to settle down and get on with their pursuit.

i）他们设法找一个能安顿下来，然后重新出发的地方。

例句i）把“a place to settle down and get on with their pursuit”翻译成“安顿下来，然后重新出发的地方”，是译对了的，已达“信”的标准。

ii）他们设法去找一个能安顿下来、从事他们事业的地方。

例句ii）用“安顿下来、从事他们事业的地方”去代替“安顿下来，然后重新出发的地方”，在这里，两者的意思差别不大，只是例句i）的“重新出发”，与原意略有出入，例句ii）已达到“达”的标准。

iii）他们设法找一个能安身立命之所。

例句iii）在例句ii）的基础上作进一步推敲，选用六字词语“安身立命之所”去翻译“a place to settle down and get on with their pursuit”，不单准确，且干脆利落，达到了“雅”的标准。

7. He remained perplexed over the situation despite much

thought.

i）他思考了很久，对目前形势仍很不理解。

例句i）把“perplexed ... despite much thought”翻译成“思考了很久……仍很不理解”，是译对了的，已达“信”的标准。

ii）尽管他不断思索，他对目前形势仍感到困扰。

例句ii）用了“尽管他不断思索……仍感到困扰”，这里用“仍感到困扰”去代替例句i）的“仍很不理解”，前者无疑是略胜一筹的，例句ii）已达到“达”的标准。

iii）他对目前的形势仍百思不得其解。

例句iii）在例句ii）的基础上，用六字词语进一步推敲，得出“百思不得其解”，化繁为简，达到了“雅”的标准。

8. She dresses in poor taste.

i）她穿着得很俗气。

例句i）把“in poor taste”翻译成“很俗气”，是译对了的，已达“信”的标准。

ii）她穿着得很不得体。

例句ii）用“很不得体”去代替“很俗气”，在这里，“很不得体”较为雅致，“很俗气”则较一般化，因而前者较优，例句ii）达到了“达”的标准。

iii）她的穿着难登大雅之堂。

例句iii）在例句ii）的基础上作了进一步推敲，选用六字词语“难登大雅之堂”去翻译“in poor taste”，用得恰到好处，达到了“雅”的标准。

9. He succeeded in achieving his goal without needing the

slightest effort.

i）他只出了点力就达到了目标。

例句 i）用“只出了点力”来翻译“without needing the slightest effort”，基本上是对的，已达“信”的标准。

ii）他不必怎么努力就达到了目标。

例句 ii）用“不必怎么努力”去代替“只出了点力”，在这里，“不必怎么努力”是照字面直译之作，但译得恰当，例句 ii）已经达到了“达”的标准。

iii）他不费吹灰之力就达到目标。

例句 iii）在例句 ii）的基础上用六字词语继续推敲，选用“不费吹灰之力”去翻译“without needing the slightest effort”，形象生动，达到了“雅”的标准。

10. He is indiscriminate in his criticism of books written by young writers.

i）他对年轻作家的作品不加分析地批评一通。

例句 i）用“不加分析”来翻译“indiscriminate”，是译对了的，已达“信”的标准。

ii）他对年轻作家的作品胡乱批评一气。

例句 ii）用二字词语“胡乱”去代替例句 i）的“不加分析”，在这里，“胡乱”生动精炼，比“不加分析”更胜一筹，例句 ii）达到了“达”的标准。

iii）他对年轻作家的作品不分青红皂白地乱批评一通。

例句 iii）在例句 ii）的基础上继续推敲，选用六字词语“不分青红皂白”去翻译“indiscriminate”，用得非常妥帖，达到了“雅”的标准。

6.2　英美文学名著选译示范例句

1. A young man without fear, without reverence, without imagination… eminently qualified to rush in where angels fear to tread…（摘自爱尔兰戏剧家萧伯纳的《人的命运》：B. Shaw, *The Man of Destiny*）（rush in where angels fear to tread = 胆大妄为）

i）一个年轻人，毫无恐惧心，恭敬心，想象力……明显地具有乱冲乱打的品性。

例句 i）用“具有……品性”来翻译“qualified”，用“乱冲乱打”来翻译“rush in where angels fear to tread”，翻译都对，达到了“信”的标准。

ii）一个年轻人，毫无恐惧心，恭敬心，想象力……突出地具备横冲直撞的性格。

例句 ii）用“具备……性格”代替例句 i）的“具有……品性”，在这里，两个词语的意思完全相同，不分高下，又用四字词语“横冲直撞”来代替“乱冲乱打”，用词上较为优胜，例句 ii）已达“达”的标准。

iii）一个全无恐惧心、敬畏心和想象力的年轻人……甚有资格成为敢于上刀山下火海的人。

例句 iii）在例句 ii）的基础上作进一步推敲，用“有资格成为”来翻译“qualified”，把原文的意思忠实地翻译了出来，又用六字词语“上刀山下火海”来翻译“rush in where angels fear to tread”，更加准确和得体，使整个句子变得自然流畅，达到了“雅”的标准。

2. Now that June had gone and left, or as good as left him, it would have been a comfort to see his son.（摘自英国作家高尔斯华绥的《有产业的人》：J. Galsworthy, *The Man of Property*, part I, ch. II）（as good as = 简直是）

i）现在琼走了，离开了，或者说遗弃了他，他就可以快慰地和儿子相见。

例句 i）用“或者说”来翻译“as good as”，又用“快慰地和儿子相见”来翻译“a comfort to see his son”，都译对了，达到了“信”的标准。

ii）现在琼走了，离开了，或者可以说遗弃了他，他就可以高高兴兴地和儿子相见。

例句 ii）用“或者可以说”代替例句 i）的“或者说”，在这里，“或者可以说”的语气较自然，又用“高高兴兴地和儿子相见”来代替“快慰地和儿子相见”，在这里，“快慰地和儿子相见”是照原文字面直译之作，“快慰地”比不上“高高兴兴地”好，例句 ii）已达到“达”的标准。

iii）现在琼走了，离开了，甚至可以说是离弃了他，他就可以和儿子重聚，共享天伦之乐。

例句 iii）在例句 ii）的基础上作进一步推敲，用了“甚至可以说”来翻译“as good as”，更加贴近原文的意思，又用六字词语“共享天伦之乐”来代替“高高兴兴地和儿子相见”，使整个句子变得清新儒雅，达到了“雅”的标准。

3. Mrs. Warren. ... It’s not work that any woman would do

for pleasure, goodness knows; though to hear the pious people talk you would suppose it was a bed of roses.（摘自爱尔兰戏剧家萧伯纳的《华伦夫人的职业》：B. Shaw, *Mrs. Warren's Profession*, act II）（a bed of roses = 到处鸟语花香）

i）华伦夫人：实实在在说，这种事任何妇女都不会为了寻找快乐去干的，尽管听那些伪君子们说来，那好像还是挺愉快舒服的生活呢。

例句 i）把"for pleasure"翻译成"寻找快乐"，把"a bed of roses"翻译成"挺愉快舒服的生活"，都译对了，达到了"信"的标准，但仍可作进一步推敲。

ii）华伦夫人：说实在的，这种事任何妇女都不会为追求享乐去干的，尽管听那些伪君子们说来，那好像还是挺安乐舒适的生活呢。

例句 ii）用了四字词语"追求享乐"，它比例句 i）的"寻找快乐"优胜得多，又用"挺安乐舒适的生活"去代替"挺愉快舒服的生活"，在这里，两者的差别不大，总的来说，例句 ii）已达到"达"的标准。

iii）华伦夫人：老实说，这种事任何一个女人都不会为了寻开心去干的，尽管听那些伪君子们说，那好像还是到处鸟语花香的生活呢。

例句 iii）在例句 ii）的基础上进一步推敲，用三字词语"寻开心"来翻译"for pleasure"，非常得体，又用六字词语"到处鸟语花香的生活"来翻译"a bed of roses"，更切合原意，也使整个句子显得非常优雅和流畅，达到了"雅"的标准。

4. As he walked to and fro with his resolution made, he considered that neither Lucie nor her father must know of it until he was gone. Lucie should be spared the pain of separation.（摘自英国作家狄更斯的《双城记》：Ch. Dickens, *A Tale of Two Cities*, Book Two, ch. 24）

i）当他在来回踱步作出决定时，他考虑在他离开前不要让露西和她爸爸知道他的决定。不应该让露西在离别时忍受痛苦。

例句 i）用“不应该让露西在离别时忍受痛苦”来翻译“Lucie should be spared the pain of separation”，基本上是翻译对了，达到了“信”的标准，但仍嫌过于一般，需作进一步推敲。

ii）当他在来回踱步作出决定时，他考虑在他离开前不应让露西和她爸爸知道他的决定。不应该让露西忍受分离之苦。

例句 ii）用“不应该让露西忍受分离之苦”代替例句 i）的“不应该让露西在离别时忍受痛苦”，在这里，前者用了四字词语“分离之苦”，比“离别时忍受痛苦”要亮丽得多，例句 ii）已达到“达”的标准。

iii）当他在来回踱步作出了决定后，他考虑在他离开前一定不要让露西和她爸爸知道他的决定。应该让露西免受离情别绪之苦。

例句 iii）在例句 ii）的基础上进一步推敲，用六字熟语“离情别绪之苦”来翻译“the pain of separation”，准确而精炼，与前面的“免受”二字连读，顿时使人精神为之一振，达到了“雅”的标准。

七、七字词语提炼示范

7.1 单句选译示范例句

1. It’s no more than something like the pot calling the kettle black.

i）这只不过是彼此彼此罢了。

例句 i）把英语的成语“the pot calling the kettle black”翻译成“彼此彼此”，翻译对了，已达“信”的标准。

ii）这只不过是半斤对八两罢了。

例句 ii）用“半斤对八两”去代替“彼此彼此”，在这里，“彼此彼此”虽是四字词语，但“半斤对八两”则更加生动传神，例句 ii）达到了“达”的标准。

iii）这只不过是以五十步笑百步罢了。

例句 iii）在例句 ii）的基础上作进一步推敲，选用七字词语“以五十步笑百步”来翻译“the pot calling the kettle black”，极之准确和生动，达到了“雅”的标准。

2. We mustn’t ask for help until the last moment. The aid is too slow in coming to be of any help, you know.

i）我们不能临急才求助，须知迟来的帮助是解决不了急切问题的。

例句 i）用“迟来的帮助是解决不了急切问题的”来直译“The aid is too slow in coming to be of any help”，意思是对的，但句子不太通顺，须作进一步推敲。

ii）我们不能临急才求助，须知我们不能临渴掘井的啊。

例句 ii）用“临渴掘井”去代替“迟来的帮助是解决不了急切问题的”，在这里，四字词语“临渴掘井”是明显优于例句 i）的“迟来的帮助是解决不了急切问题的”，例句 ii）达到了“达”的标准。

iii）我们不能临时抱佛脚，须知远水解不了近渴啊。

例句 iii）在例句 ii）的基础上继续推敲，选用七字词语“远水解不了近渴”去翻译“The aid is too slow in coming to be of any help”，不仅能忠于原文的意思，还解决了句子累赘的问题，达到了“雅”的标准。

3. We tried to solve a problem only to find another cropping up.

i）我们在试图解决一个问题时，却发现了另一个问题。

例句 i）用“却发现了另一个问题”来翻译“only to find another cropping up”，是译对了，已达“信”的标准。

ii）我们在试图解决一个问题时，却出现了另一个新问题。

例句 ii）用“却出现了另一个新问题”去代替“却发现了另一个问题”，在这里，前者用“出现”去代替“发现”，又用“新问题”去代替“问题”，应该说是较为细致的，例句 ii）达到了“达”的标准。

iii）我们在试图解决一个问题的同时，却发现另一个新问题，正像是按下葫芦浮起瓢。

例句 iii）在例句 ii）的基础上继续推敲，选用七字词语“按下葫芦浮起瓢”去翻译“only to find another cropping up”，准确而精炼，达到了“雅”的标准。

4. He is really unable to do what he wants very much to do.

i）有些事他真的很想做，但力有未逮。

例句 i）用“有些事很想做，但力有未逮”来翻译“unable to do what he wants very much to do”，翻译是对了，已达“信”的标准，但仍嫌不够精练，须作进一推敲。

ii）有些事他实在是有心无力。

例句 ii）用四字词语“有心无力”去代替“很想做，但力有未逮”，质量大为提升，达到了“达”甚至“雅”的标准。

iii）他的确是心有余而力不足。

例句 iii）在例句 ii）的基础上继续推敲，选用七字词语“心有余而力不足”，与“有心无力”有异曲同工之妙，达到了“雅”的标准。

5. What the terrorists have done made us boil with anger.

i）恐怖分子的所作所为令人极为气愤。

例句 i）用“极为气愤”来翻译“boil with anger”，是译对了的，已达“信”的标准。

ii）恐怖分子的所作所为令人发指。

例句 ii）用了四字词语“令人发指”，比起例句 i）的“极为气愤”大有提高，因为“令人发指”才能够表达英语的“boil with anger”的愤怒程度，例句 ii）达到了“达”的标准。

iii）恐怖分子的所作所为令人无名火起三千丈。

例句 iii）在例句 ii）的基础上作进一步推敲，选用七字词语“无名火起三千丈”，比起“令人发指”更进一步，而且更加生动传神，达到了“雅”的标准。

6. The rascal refused to be convinced until he was faced with grim reality.

i）那流氓要面对可怕的现实时才会害怕的。

例句i）用“面对可怕的现实时才会害怕的”来翻译“refused to be convinced until he was faced with grim reality”，意思是转折地翻译出来了，已达“信”的标准，但仍可作进一步推敲。

ii）那流氓要大难临头时才会害怕的。

例句ii）用“大难临头时才会害怕”去代替“面对可怕的现实时才会害怕的”，在这里，前者用了四字词语“大难临头”，因而略胜一筹，达到了“达”的标准。

iii）那流氓是不见棺材不落泪的。

例句iii）在例句ii）的基础上继续推敲，选用七字词语“不见棺材不落泪”去代替例句ii）的“大难临头时才会害怕”，明显地占优，达到了“雅”的标准。

7. You couldn't just put the blame on her. It takes two to tango, you know.

i）你不能只责备她，双方都有责任啊。

例句i）用“双方都有责任”来翻译“It takes two to tango”，是译对了，已达“信”的标准。

ii）你不能只责备她，这是两方面的事啊。

例句ii）用“这是两方面的事”去代替“双方都有责任”，这里“事”比“责任”较为泛指，适用于此场合，达到了“达”的标准。

iii）你不能只责备她，一个巴掌拍不响啊。

例句 iii）在例句 ii）的基础上继续推敲，选用七字词语“一个巴掌拍不响”去代替例句 ii）的“这是两方面的事”，在用词上更胜一筹，另外，用“啊”字去翻译“you know”，技巧极为高明，例句 iii）达到了“雅”的标准。

8. For achieving his evil end, he went so far as to fly in the teeth of the people's will.

i）为了达到他不可告人的目的，他竟敢公然对抗人民的意愿。

例句 i）用“公然对抗人民的意愿”来翻译“fly in the teeth of the people's will”，是译对了，已达“信”的标准。

ii）为了达到他不可告人的目的，他竟敢与人民为敌。

例句 ii）用“与人民为敌”去代替“公然对抗人民的意愿”，在这里，“与人民为敌”明显精炼得多，例句 ii）达到了“达”的标准。

iii）他竟敢冒天下之大不韪，去达到他不可告人的目的。

例句 iii）在例句 ii）的基础上进一步推敲，选用七字词语“冒天下之大不韪”去翻译“fly in the teeth of the people's will”，这是理想的选择，达到了“雅”的标准。

9. I won't mince words with you: I think your plan is not workable.

i）我不跟你含糊其辞了，我认为你的计划是行不通的。

例句 i）把“mince words”翻译成“含糊其辞”，是译对了，已达“信”的标准。

ii）我不跟你兜圈子了，我认为你的计划是行不通的。

例句 ii）用了三字词语“兜圈子”，比“含糊其辞”较贴近原文的意思，例句 ii）达到了“达”的标准。

iii）我跟你打开天窗说亮话吧，我认为你的计划是行不通的。

例句 iii）在例句 ii）的基础上进一步推敲，选用七字词语“打开天窗说亮话”来翻译“don’t mince words”，非常恰当，达到了“雅”的标准。

10. I wouldn’t come to you if I hadn’t something to ask of you.

i）如果我不是有事相求，我是不会到你这里来的。

例句 i）把“wouldn’t ... if”翻译成“如果……不会”，翻译对了，已达“信”的标准。

ii）我因有事相求，才到你这里来的。

例句 ii）用“因……才”去代替“如果……不会”，在这里，例句 i）照英语条件句的结构来翻译，例句 ii）则改用汉语的因果关系复句的结构来翻译，两者都是可以的，水平不相伯仲，例句 ii）达到了“达”的标准。

iii）我是无事不登三宝殿的。

例句 iii）在例句 ii）的基础上，用七字词语进一步推敲，得出七字词语“无事不登三宝殿”，极之生动传神，达到了“雅”的标准。

7.2　英美文学名著选译示范例句

1. “Them,” said the captain, “is the terms I offer. If they are hard upon you, brother, as mayhap they are, give’em a wide berth, sheer off. And part company cheerfully.”（摘自英国作家狄更斯

的《董贝父子》: Ch. Dickens, *Dombey and Son*, ch. XXXIX).(a wide berth = 避开某人)

i)"上面所说的是我提出的条件,"船长说,"兄弟,假使这些条件对你是苛刻的话,可能也是太苛刻了,那么,你就别接受,你走你的路,我们就好来好散地分手好了。"

例句 i) 用"你走你的路"来翻译"a wide berth",翻译对了,达到了"信"的标准。

ii)"上面所说的是我提出的条件,"船长说,"兄弟,假使这些条件对你是苛刻的话,可能也是太苛刻了,那么,你就别接受,你可以和我就此分道扬镳,我们就这样开开心心分手好了。"

例句 ii) 用"分道扬镳"代替例句 i) 的"你走你的路",在这里,前者用了四字词语"分道扬镳",比"你走你的路"较为雅致些,例句 ii) 已达"达"的标准。

iii)"上面所说的是我开出的条件,"船长说,"兄弟,如果这些条件对你是苛刻的话,也许是苛刻的,那么,你就别接受,我们就此高高兴兴地分手,你走你的阳关道好了。"

例句 iii) 在例句 ii) 的基础上进一步推敲,选出七字词语"你走你的阳关道"来翻译"a wide berth",生动传神,达到了"雅"的标准。

2. Secrecy, precaution went by the board. Bowing his head against her breast, he poured it all out…(摘自英国作家高尔斯华绥的《黑色花朵》: J. Galsworthy, *The Dark Flower*, part III, ch. XIII) (went by the board = 被抛诸脑后)

i) 秘密与警惕都丢在一边了。他把头靠在她的胸前,把事情和盘托出。

例句 i）用“丢在一边”来翻译“went by the board”，是对的，但用“把事情和盘托出”来翻译“poured it all out”则不太准确，仍需作进一步推敲。

ii）秘密与警惕都被抛诸脑后了。他把头靠在她的胸前，一股脑儿把事情通通讲了出来。

例句 ii）用了“被抛诸脑后”，比例句 i）的“丢在一边”雅致得多，又用“一股脑儿把事情通通讲了出来”代替“把事情和盘托出”，在这里，“poured it all out”就有“把事情通通讲了出来”的意思，例句 ii）已达“达”的标准。

iii）秘密与警惕都被抛到九霄云外去了。他把头靠在她胸部，尽情向她倾诉。

例句 iii）在例句 ii）的基础上进一步推敲，用七字词语“被抛到九霄云外”，准确地翻译“went by the board”，又用“尽情向她倾诉”来翻译“poured it all out”，准而雅，达到了“雅”的标准。

3. I'm not prepared to run the risks of concealment. If we conceal, we're accessory after the fact. The thing might come out at any time.（摘自英国作家高尔斯华绥的《白猿》：J. Galsworthy, *The White Monkey* part III, ch. VIII）（accessory after the fact = 从犯，帮凶）

i）我不准备去冒躲藏的风险。我们如果躲藏的话，就是从犯了。事情早晚会被揭露出来的。

例句 i）用“事情早晚会被揭露出来”来翻译“The thing

might come out at any time”，是译对了的，达到了“信”的标准。

ii）我不准备去冒躲藏的风险。我们如果躲藏的话，那就是从犯了。事情有可能随时败露的。

例句 ii）用了四字词语“随时败露”，比“事情早晚会被揭露出来”精炼得多，例句 ii）已达“达”的标准。

iii）我不准备去冒躲藏的风险。我们如果躲藏起来的话，我们就是帮凶。事情说不定会被识穿，这只是早晚的事。

例句 iii）在例句 ii）的基础上进一步推敲，用七字熟语“这只是早晚的事”来翻译“The thing might come out at any time”，前进了一大步，达到了“雅”的标准。

八、八字词语提炼示范

8.1 单句选译示范例句

1. She felt that her life was not worth living and existence was only a misery.

i）她觉得她的生命是毫无价值的，生存只是一种苦难。

例句 i）用“她的生命是毫无价值的，生存只是一种苦难”来翻译“her life was not worth living and existence was only a misery”，意思是翻译出来了，已达“信”的标准，但仍嫌过于一般化，需进一步推敲。

ii）她觉得她活得毫无意义，生存更是一种苦难。

例句 ii）用“活得毫无意义”去代替“她的生命是毫无价值的”，在这里，“活得毫无意义”是意译，较为畅顺，因此略胜一筹，例句 ii）已达到了“达”的标准。

iii）她感到生无可恋，死不足惜。

例句 iii）在例句 ii）的基础上作进一步推敲，选用了八字词语“生无可恋，死不足惜”，顿时使人眼前一亮，达到了“雅”的标准。

2. The enemy troops pretended to prepare to advance along one path while secretly going along another.

i）敌军装作准备沿一条道路前进，但暗中却走另一条道路。

例句 i）把“pretended to prepare to advance along one path while secretly going along another”翻译成“装作准备沿一条道路前进，但暗中却走另一条道路”意思是译出来了，已达“信”的标准。

ii）敌军佯作准备走一条道路，却偷偷地走另一条道路。

例句 ii）用了“佯作准备走一条道路，却偷偷地走另一条道路”，比“装作准备沿一条道路前进，但暗中却走另一条道路”更贴近原意，在这里，“佯作”和“偷偷”比例句 i）的“装作”和“暗中”略胜一筹，例句 ii）已达到了“达”的标准。

iii）敌军在明修栈道，暗度陈仓。

例句 iii）在例句 ii）的基础上作进一步推敲，用了八字词语“明修栈道，暗度陈仓”，达到了“雅”的标准。

3. They each show their special prowess.

i）他们各自显露自己的本领。

例句 i）用“各自显露自己的本领”来翻译“each show their

special prowess"，意思是翻译出来了，已达"信"的标准。

ii）他们各展所长罢了。

例句 ii）用了四字词语"各展所长"，比例句 i）的"各自显露自己的本领"要精炼得多，例句 ii）已达到了"达"的标准。

iii）他们是八仙过海，各显神通罢了。

例句 iii）在例句 ii）的基础上，作进一步推敲，选用了八字词语"八仙过海，各显神通"，更加前进了一步，达到了"雅"的标准。

4. Her achievement falls short of the best but is better than the worst.

i）她的成就虽说不上是最好的，但也不是最差的。

例句 i）把"falls short of the best but is better than the worst"翻译成"虽说不上是最好的，但也不是最差的"，是译对了，已达"信"的标准。

ii）她的成就虽不是顶呱呱的，但也不是最差的。

例句 ii）用了"虽不是顶呱呱的，但也不是最差的"，在这里，"顶呱呱"是流行用语，比较有创意，例句 ii）已达到了"达"的标准。

iii）她的成就是比上不足，比下有余。

例句 iii）在例句 ii）的基础上作进一步推敲，选用了八字词语"比上不足，比下有余"，用得非常恰当，达到了"雅"的标准。

5. These loafers are sated with food and remain idle.

i）这些二流子吃饱饭就无所事事。

例句 i）用“吃饱饭就无所事事”来翻译“sated with food and remain idle ”，意思是翻译出来了，已达“信”的标准。

ii）这些二流子吃饱饭就游手好闲。

例句 ii）用“吃饱饭就游手好闲”去代替“吃饱饭就无所事事”，在这里，两者都用了四字词语“游手好闲”和“无所事事”，但用在二流子身上，“游手好闲”比“无所事事”较为合适，例句 ii）已达到了“达”的标准。

iii）这些二流子饱食终日，无所用心。

例句 iii）在例句 ii）的基础上作进一步推敲，选用了八字词语“饱食终日，无所用心”，达到了“雅”的标准。

6. Some people are often mindful of small matters to the neglect of large ones.

i）有些人往往只顾小事而忽略了大事。

例句 i）用“只顾小事而忽略了大事”来翻译“mindful of small matters to the neglect of large ones”，译对了，已达“信”的标准。

ii）有些人往往因小失大。

例句 ii）用了四字词语“因小失大”，比例句 i）的“只顾小事而忽略了大事”精炼得多，例句 ii）已达到了“达”的标准。

iii）有些人往往捡了芝麻，丢了西瓜。

例句 iii）在例句 ii）的基础上作进一步推敲，选用了八字熟语“捡了芝麻，丢了西瓜”，生动传神，达到了“雅”的标准。

7. If you heed one side and you will be benighted.

i）你只听单方的意见，就会头脑闭塞。

例句 i）用“头脑闭塞”来翻译“be benighted”，意思是翻译出来了，已达“信”的标准。

ii）你只听一面之词，就会是非不分。

例句 ii）用了四字词语“是非不分”，显然比“头脑闭塞”优胜得多，例句 ii）已达到了“达”的标准。

iii）你兼听则明，偏信则暗。

例句 iii）在例句 ii）的基础上作进一步推敲，选用了八字词语“兼听则明，偏信则暗”，干脆利落，达到了“雅”的标准。

8. We all wish you'll make further progress.

i）我们都希望你将会有更大的进步。

例句 i）把“make further progress”翻译成“有更大的进步”，意思是翻译出来了，已达“信”的标准。

ii）我们都希望你将会更前进一步。

例句 ii）用了“更前进一步”，可以看出，这是在例句 i）的基础上提炼出来的结果，例句 ii）已达到了“达”的标准。

iii）我们都希望你百尺竿头，更进一步。

例句 iii）在例句 ii）的基础上作进一步推敲，选用了八字词语“百尺竿头，更进一步”，非常恰当，达到了“雅”的标准。

9. People take a different view of the question.

i）人们对这个问题有不同的看法。

例句 i）用“不同的看法”来翻译 take a different view of the question”，译对了，已达“信”的标准。

ii）人们看待这个问题的观点各异。

例句 ii）用了“观点各异”，比“不同的看法”更贴近原意，例句 ii）已达到了“达”的标准。

iii）对这个问题的看法，是仁者见仁，智者见智。

例句 iii）在例句 ii）的基础上作进一步推敲，得出了八字词语“仁者见仁，智者见智”，有了质的飞跃，达到了“雅”的标准。

10. She didn’t even cast him a glance.

i）她甚至没有看他一眼。

例句 i）用“甚至没有看他一眼”来翻译“didn’t even cast him a glance”，意思是翻译出来了，已达“信”的标准。

ii）她甚至看都没看他一眼。

例句 ii）用“甚至看都没看他一眼”去代替“甚至没有看他一眼”，在这里，两者的意思都差不多，但“甚至看都没看他一眼”有加强语气的味道，因此略胜一筹，例句 ii）已达到了“达”的标准。

iii）她眼尾都没瞧他一下。

例句 iii）在例句 ii）的基础上作进一步推敲，选用了八字熟语“眼尾都没瞧他一下”，达到了“雅”的标准。

8.2　英美文学名著选译示范例句

1. They were a little frightened at this ... young fellow, and the swing and smash of his words, and his dreadful trait of calling a spade a spade.（摘自美国作家杰克 · 伦敦的《铁蹄》：

J. London, *The Iron Heel*, ch. VIII)(calling a spade a spade = 直言不讳)

i)他们对这个……年轻人都有一点儿怕，怕他那放肆而尖锐的言论，怕他那可怕的有啥说啥的脾气。

例句 i)用“放肆而尖锐的言论”来翻译“the swing and smash of his words”，又用“有啥说啥”来翻译“calling a spade a spade”，是译对了，达到“信”的标准。

ii)他们对这个……年轻人都有一点儿怕，怕他那毫无顾忌而激烈的言论，怕他那可怕的直言不讳的脾气。

例句 ii)用了“毫无顾忌而激烈的言论”，与例句 i)的“放肆而尖锐的言论”的意思差不多，只是略为雅致些，又用“直言不讳”来代替“有啥说啥”，在这里，两者都是四字词语，但以“直言不讳”较佳，例句 ii)已达到了“达”的标准。

iii)对这个……年轻人，他们都有一点儿害怕，怕他那肆无忌惮的和尖锐的言论，怕他那可怕的有碗话碗，有碟话碟的性格。

例句 iii)在例句 ii)的基础上继续推敲，用了“肆无忌惮的和尖锐的言论”，与例句 ii)的“毫无顾忌而激烈的言论”相比，较为准确些，又用八字词语“有碗话碗，有碟话碟”来翻译“calling a spade a spade”，极为准确传神，达到了“雅”的标准。

2. Awakening in the dead of night, I opened my eyes on her disc — silver white and crystal clear. It was beautiful, but too solemn: I half rose, stretched my arm to draw the curtain. (摘

自英国女作家夏洛蒂·勃朗特的《简·爱》：Ch. Bronte, *Jane Eyre*, ch. 20）

i）我在夜深人静中醒了过来，我张开眼睛，抬头望见一轮明月——光如银色，清澈如水晶。它美丽，但太庄严了：我半起身，伸出手去把窗帘拉上。

例句 i）用“光如银色，清澈如水晶”来翻译“silver white and crystal clear”，又用“它美丽，但太庄严了”来翻译“It was beautiful，but too solemn”，把意思都翻译出来了，但仍需作进一步推敲。

ii）我在夜深人静中醒了过来，我张开眼睛，抬头望见一轮明月——银色的月光，水晶般清澈。它是冷艳的：我半起身，伸出手去把窗帘拉上。

例句 ii）用了“银色的月光，水晶般清澈”，虽然是直译之作，但比例句 i）的“光如银色，清澈如水晶”较为优胜，又用二字词语“冷艳”来代替例句 i）的“它美丽，但太庄严了”，明显地优雅得多，例句 ii）已达“达”的标准。

iii）我在夜深人静中醒了过来，我张开眼睛，抬头望见一轮明月——月华如练，清澈晶莹。它美艳，但过于肃穆：我侧身起来，伸出手去把窗帘拉上。

例句 iii）在例句 ii）的基础上进一步推敲，用了八字词语“月华如练，清澈晶莹”，把“silver white and crystal clear”翻译得非常自然流畅，又用“它美艳，但过于肃穆”来翻译“It was beautiful，but too solemn”，达到了“雅”的标准。

3. What happened is a very very long time ago. I’m going to

ask her to let bygones be bygones.（摘自英国作家高尔斯华绥的 *In Chancery*: J. Galsworthy, *In Chancery*, part I, ch. XII）（let bygones be bygones = 既往不咎）

i）这是很久以前发生的事了，我打算叫她忘掉旧嫌。

例句 i）用“忘掉旧嫌”来翻译“let bygones be bygones”，是译对了，达到“信”的标准。

ii）这是很久以前发生的事了，我打算叫她不计前嫌。

例句 ii）用了四字词语“不计前嫌”，比例句 i）的“忘掉旧嫌”较为雅致，例句 ii）已达“达”的标准。

iii）这是很久以前发生的事了，我打算叫她往者不谏，来者可追。

例句 iii）在例句 ii）的基础上进一步推敲，用了八字词语“往者不谏，来者可追”，准确地翻译出“let bygones be bygones”的意思，雅而准，达到了“雅”的标准。

第六章 练习题

以下有100道练习题，供推敲一字词语至六字词语之用，至于七字词语和八字词语，因它们对学习者来说比较难，而且较为少用，所以这里没有收入。

这里只列出“信”和“达”两类句子，让学习者从中推敲出“雅”来，推敲出来“雅”的句子，如果比不上答案的，不要灰心，继续推敲下去，必有收获；如果和答案一样的，甚至胜过答案的，就说明阁下有了长足的进步，要恭喜阁下了。

用一字词语提炼

1.1 Now he felt relieved a great deal.

信 = i）他现在大大放心了。

达 = ii）他现在大为放心了。

1.2 They talked with each other endlessly when they met.

信 = i）他俩见了面就不停地交谈。

达 = ii）他俩见了面就谈个没完没了。

1.3 The stocks slumped

信 = i）股票价格大跌。

达 = ii）股票价格急速下滑。

1.4 He did his job quite well.

信 = i）他干得很好。

达 = ii）他干得很不错。

1.5 The invaders took a beating whenever they went.

信 = i）侵略者到哪就被打到哪。

达 = ii）侵略者到处被打。

1.6 She looked cold and indifferent.

信 = i）她表现得很冷淡。

达 = ii）她样子显得冷漠和不关心。

1.7 If she has anything on her mind, you'll know it sooner or later.

信 = i）她有什么心事你迟早都会知道。

达 = ii）她有什么心事都瞒不过你。

1.8 There are roaring waves in the sea.

信 = i）海上波涛怒号。

达 = ii）海上波涛汹涌。

1.9 His meddling made a mess of everything.

信 = i）他的干预把事情都弄糟了。

达 = ii）他的介入把事情通通弄糟了。

1.10 His explanation only made me feel more puzzled than ever.

信 = i）他的解释反而使我变得更加糊涂了。

达 = ii）他的解释反而把我搞得更加糊涂了。

1.11 People were immensely excited.

信 = i）人们很激动。

达 = ii）人们异常激动。

1.12 A cool breeze was sweeping the night sky.

信 = i）一阵凉风扫过夜空。

达 = ii）夜空吹过一阵凉风。

1.13 She let loose a stream of abuse against him.

信 = i）她把他骂得个狗血淋头。

达 = ii）她把他痛骂了一顿。

1.14 He was wild with joy when he knew his sister would come home from the USA soon.

信 = i）当他知道他姐姐即将从美国回来时，他高兴得跳了起来。

达 = ii）当他知道他姐姐即将从美国回来时，他狂喜不禁。

1.15 He went to see her with a feeling of joy.

信 = i）他非常开心地去看她。

达 = ii）他带着轻快的心情去看她。

1.16 Though wounded, he was still holding out.

信 = i）他虽然受了伤，但还忍耐着。

达 = ii）虽然他受了伤，但还坚持着。

1.17 Wouldn't that be more practical?

信 = i）这样做不是更实际些？

达 = ii）这样做是不是更实际些呢？

1.18 Now let their luck decide their destiny.

信 = i）现在就由运气决定他们的前途好了。

达 = ii）现在就看他们的运气了。

1.19 She regards me as among her good friends.

信 = i）她把我看作是她的一个好朋友。

达 = ii）她当我是她的一个好朋友。

1.20 We must bear this lesson in mind.

信 = i）我们一定要把这个教训记在心中。

达 = ii）我们一定要吸取这个教训。

用二字词语提炼

2.1 She danced perfectly well.

信 = i）她舞跳得很完美。

达 = ii）她舞跳得好极了。

2.2 The stock market will soon get its business running properly again.

信 = i）股票市场的业务很快就会重新进行正常运作。

达 = ii）股票市场很快就会恢复正常运作。

2.3 She laughed away her tears.

信 = i）她用笑来掩盖她的眼泪。

达 = ii）她笑着把眼泪遮掩过去。

2.4 He considers himself very important.

信 = i）他把自己看成是很重要的人。

达 = ii）他把自己看成是很了不起的人。

2.5 He was so excited that he gave her an affectionate kiss.

信 = i）他激动得给了她一个亲切的吻。

达 = ii）他激动得热情吻了她一下。

2.6 She hung her head for shame.

信 = i）她低下了头，满脸羞愧。

达 = ii）她满脸难为情地低下了头。

2.7 The air in the house is extremely close indeed.

信 = i）这房子非常之闷。

达 = ii）这房子闷得不得了。

2.8 People gathered round, curious to know what was happening.

信 = i）人们围聚拢来，好奇地想知道发生了什么事。

达 = ii）人们围聚拢来，很想知道发生了什么事。

2.9 I have a strong dislike for smoking.

信 = i) 我十分讨厌吸烟。

达 = ii) 我对吸烟极为讨厌。

2.10 These rumours should be categorically denied.

信 = i) 对于这些谣言应当予以坚决否认。

达 =ii) 对于这些谣言应当予以斩钉截铁地否认。

2.11 Only by constant study can we keep abreast with our times.

信 = i) 只有不断学习才能跟得上时代。

达 = ii) 只有不断学习才能与时代同步前进。

2.12 Our research has scored great successes.

信 = i) 我们的研究获得了巨大的成功。

达 = ii) 我们的研究得到了伟大的成果。

2.13 This shows her pessimistic state of mind.

信 = i) 这是她的一种悲观情绪。

达 = ii) 这显示出她的悲观状态。

2.14 She was so shy that she lowered her head bashfully.

信 = i) 她羞得不好意思地低下了头。

达 = ii) 她羞得难为情地低下了头。

2.15 There are willows dancing in the breeze in the street.

信 = i) 街道上的杨柳在微风中摆动。

达 = ii) 街道上的杨柳随风摆动。

2.16 His whole body was drenched with sweat.

信 = i) 他周身都是汗水。

达 = ii) 他满身大汗。

2.17 Your friendship means a great deal to me.

信 = i) 你的友谊对我极为重要。

达 = ii) 你的友谊对我具有很大的意义。

2.18 A faint hope flickered in her breast.

信 = i) 她心中产生一线希望。

达 = ii) 一线希望在她心中闪过。

2.19. They considered that a downright lie.

信 = i) 他们认为这从头到尾都是个谎言。

达 = ii) 他们认为这是个彻头彻尾的谎言。

2.20 I had an unusually refreshing bath.

信 = i) 这个澡我洗得特别痛快。

达 = ii) 这个澡我洗得无比痛快。

用三字词语提炼

3.1 They are not reconciled to their defeat.

信 = i) 他们失败了，但还不服气。

达 = i) 他们失败了，但还不肯认输。

3.2 He itched to plunge into the battle.

信 = i) 他很想立即投入战斗。

达 = ii) 他渴望马上投入战斗。

3.3 She bombarded him with questions.

信 = i) 她不停地向他提问。

达 = ii) 她向他提出一大堆问题。

3.4 How did it end? Come on! Don't keep us guessing.

信 = i) 结果怎么样呢？快说吧，不要让我们乱猜了。

达 = ii) 结果怎么样呢？快说吧，别让我们猜哑谜了。

3.5 I went to visit her, only to learn that she had left the night before.

信 = i) 我去看她，只是她已经在前天晚上离开了。

达 = ii) 我去看她，可是她已经在前天晚上离开了。

3.6 They simply must give Xiao Zhao a scolding.

信 = i) 他们必须骂小赵一顿。

达 = ii) 他们无论如何一定要骂小赵一顿。

3.7 What's behind the enemy's sudden retreat?

信 = i) 敌军突然撤走，他们在背后有什么阴谋呢？

达 = ii) 敌军突然撤走，他们在背后搞什么名堂呢？

3.8 He came and at once threw a wet blanket over me: he was so utterly dull and commonplace.

信 = i) 他到来就立刻要扫我的兴，他是个十足粗俗无聊的人。

达＝ii）他一来到就对我讲些泄气话，他是个十足粗俗无聊的人。

3.9 I am rather out of her books just now.

信＝i）现在她是不喜欢看到我的。

达＝ii）现在她觉得我很碍眼。

3.10 "I wish I could talk like that," he said; "like a book, I mean."

信＝i）"我很希望能那样讲话，"他说，"我是说，说话有涵养。"

达＝ii）"我很希望能那样讲话，"他说，"我是说，说话斯斯文文的。"

3.11 She laughed till her sides split.

信＝i）她笑到肚子痛。

达＝ii）她笑到前仰后翻。

3.12 The news coming all of a sudden scared him out of his wits.

信＝i）这个突如其来的消息吓得他魂不附体。

达＝ii）这个突如其来的消息吓得他目瞪口呆。

3.13 She went through years of suffering and privation by enduring all the hardships with dogged will.

信＝i）她以坚强的意志熬过了那艰苦的日子。

达＝ii）她咬紧牙关熬过了那艰苦的岁月。

3.14 A beautiful voice chimed beside his ear. He quickly looked up and found it was Lena.

信 = i）他耳边响起了一个清脆的声音，他立即抬起头来，原来是莲娜。

达 = ii）一阵银铃般的声音在他耳边响起，他立即抬起头来，原来是莲娜。

3.15 Good as the plan is, the budget it needs is a little bit too big.

信 = i）这计划很好，但所需的预算多了些。

达 = ii）这计划不错，但所需的预算多了些。

3.16 We shall as ever dedicate our efforts to the development of good trade relations with your country.

信 = i）我们将和以前一样，努力发展与贵国的良好贸易关系。

达 = ii）我们将和过往一样，竭尽全力发展与贵国的良好贸易关系。

3.17 Everybody was nervous in the extreme.

信 = i）大家都非常紧张。

达 = ii）大家都紧张极了。

3.18 Why are you so late? We are worried about you to death.

信 = i）你怎么来得这么晚？我们都极为担心你。

达 = ii）你怎么来得这么晚？我们都担心得很。

3.19 He reconciled himself cheerfully to the modest livelihood in a small country town.

信 = i）他很喜欢在乡村小镇过简朴的生活。

达 = ii）他非常乐意在乡村小镇过简朴的生活。

3.20 They will not take their defeat lying down.

信 = i）他们对于他们的失败是决不会服气的。

达 = ii）他们对于他们的失败是决不会死心的。

用四字词语提炼

4.1 She liked to sow discord among her colleagues.

信 = i）她喜欢在同事之间散播不和。

达 = ii）她喜欢在同事之间搬弄是非。

4.2 Her words made everybody feel very uneasy.

信 = i）她的话说得大家心里很不安。

达 = ii）她的话令大家感到很不舒服。

4.3 The enemy was utterly routed.

信 = i）敌军被打得大败。

达 = ii）敌军被打得彻底溃败。

4.4 She was moved to anger.

信 = i）她气得直发火。

达 = ii）她气得怒火直冒。

4.5 The enemy was wiped out to a man.

信 = i) 敌人被重创。

达 = ii) 敌人被杀得伤亡惨重。

4.6 His ability is already not equal to his ambition.

信 = i) 他已经有心无力。

达 = ii) 他空怀壮志。

4.7 She was so moved that her eyes were brimming with tears.

信 = i) 她被感动得眼眶盈满了泪水。

达 = ii) 她被感动得热泪盈眶。

4.8 This shop has an endless stream of customers.

信 = i) 这店铺顾客众多。

达 = ii) 这店铺顾客川流不息。

4.9 This painting is life-like.

信 = i) 这幅画非常生动。

达 = ii) 这幅画生动传神。

4.10 The valley is carpeted with verdure.

信 = i) 这山谷一片绿油油的。

达 = ii) 这山谷苍翠一片。

4.11 My words give no cause for much criticism.

信 = i) 我的话是无可辩驳的。

达 = ii) 我的话是无可厚非的。

4.12 Don't let his friendly words mislead you into trusting him.

信 = i) 别让他的友好的言词误导你相信他。

达 = ii) 别让他的花言巧语误导你相信他。

4.13 Difficulties and hardships meant nothing to them.

信 = i) 艰难困苦对他们算不上是什么。

达 = ii) 艰难困苦对他们不算是一回事。

4.14 They tried to win over the people.

信 = i) 他们企图把人们争取过去。

达 = ii) 他们企图拉拢群众。

4.15 They just repeated what others had said.

信 = i) 他们只不过是重复人家的说话罢了。

达 = ii) 他们只不过是拾人牙慧罢了。

4.16. No matter how well you treat him it is useless.

信 = i) 你待他怎么好也是没用。

达 = ii) 你待他怎么好也是白搭。

4.17 No matter how she tried to explain it away she could hardly justify herself.

信 = i) 她怎么辩解也无法说服人。

达 = ii) 她怎么辩解也难辞其咎。

4.18 There is a sunlit and enchanting scene of spring on the plain.

信 = i) 春天的原野到处是风和日丽的景色。

达 = ii）春天的原野到处是阳光普照的迷人景色。

4.19 Environment means much to mankind.

信 = i）环境对于人类具有重要的意义。

达 = ii）环境对于人类非常重要。

4.20 The rumours made everyone in a constant state of anxiety.

信 = i）这些谣言弄得大家担心不已。

达 = ii）这些谣言弄得大家终日不安。

用五字词语提炼

5.1 My vanity had breathed her last during the night.

信 = i）我的名利思想，一夜间消失殆尽。

达 = ii）我的名利思想，一夜间烟消云散。

5.2 “I mustn’t rush things,” he thought. “I have some breathing space ...”

信 = i）“我不应该太急，”他想，“我还有充分的时间。”

达 = ii）“我不应该匆忙，”他想，“我还有些回旋的余地。”

5.3 These views we believe to be fair and true.

信 = i）我们认为这些见解是公平和真实的。

达 = ii）我们认为这些见解是合理和忠实的。

5.4 Her kindness to him was met with a cruel rebuff.

信 = i）她一片好心却遭到他无情的对待。

达 = ii）她一片好心却遭到他冷酷的拒绝。

5.5 "Well, Becky, come back if you like. You can't eat your cake and have it."

信 = i）"好的，佩基，你要回来就回来吧。事难两全啊。"

达 = ii）"好的，佩基，你要回来就回来吧。两者是不能兼得的啊。"

5.6 Why, he might near starved ... So he learnt the trade, and then he was all right — but it was a close call.（M. Twain, "*The American Claimant*", ch. XI）

信 = i）他当时险些饿死……因此他才学会了这个行当，然后才活下来——但那次是差点儿完蛋。

达 = ii）他当时险些饿死……因此他才学会了这个行当，然后才活下来——但那次是死里逃生。

5.7 "I'll beat you to a pulp, you dogs," said Quilp.

信 = i）"我要把你们揍个半死，你们这些狗东西，"奎尔普说。

达 = ii）"我要把你们揍得青一块紫一块，你们这些狗东西，"奎尔普说。

5.8 He always acted rashly without considering the consequences.

信 = i）他做事很冲动，往往不顾一切。

达 = ii）他做事很冲动，往往不顾后果。

5.9 It takes time to know a person.

信 = i）要真正深入了解一个人，往往需要很长时间。

达 = ii）时间久了，才会真正深入了解一个人。

5.10 To give up smoking is beneficial to your health. Why not go ahead with it?

信 = i）戒烟有益健康，快戒吧！

达 = ii）戒烟有益健康，为何不戒呢？

用六字词语提炼

6.1 He has an exaggerated opinion of his ability.

信 = i）他是个狂妄无知的家伙。

达 = ii）他是个目空一切的家伙。

6.2 The two cannot be mentioned in the same breath.

信 = i）这两者不可混为一谈。

达 = ii）这两者不能一概而论。

6.3 The day of joy for us is the day of woe for them.

信 = i）我们开心的时候，就是他们难过的日子。

达 = ii）我们开心时，就是他们的受难日。

6.4 They want to accomplish the whole task at one strike.

信 = i）他们想一下子就把整个任务完成。

达 = ii）他们想一举完成整个任务。

6.5 She spoke ambiguously and evasively.

信 = i）她的话说得含含糊糊。

达 = ii) 她的话说得含糊其辞。

6.6 Our troops fell on the enemy with the power of a thunderbolt.

信 = i) 我军以摧枯拉朽之势袭击敌人。

达 = ii) 我军以迅雷不及掩耳之势袭击敌人。

6.7 Each one is worse than the last.

信 = i) 一个比一个差。

达 = ii) 一代不如一代。

6.8 She had never let him know — never breathed a word.

信 = i) 她从来不让他知道——从来没有说出半个字。

达 = ii) 她从来不让他知道——从来没有透露一个字。

6.9 His theory remains essentially the same despite all apparent changes.

信 = i) 表面上他的理论有很多变动，但最基本的没有变。

达 = ii) 表面上他的理论有很多变动，但其基本原理没变。

6.10 Yes, sir, like a fish ... A bad lot, to say the least.

信 = i) 是的，先生，他总是喝得醉醺醺的，至少可以这么说，他是个不可教的家伙。

达 = ii) 是的，先生，他总是喝得烂醉如泥，至少可以这么说，他是个没出息的家伙。

第七章
练习题答案

用一字词语提炼

1.1 Now he felt relieved a great deal.

雅 = iii) 他现在放心多了。

1.2 They talked with each other endlessly when they met.

雅 = iii) 他俩见了面就谈个不完。

1.3 The stocks slumped

雅 = iii) 股票价格狂泻。

1.4 He did his job quite well.

雅 = iii) 他干得很棒。

1.5 The invaders took a beating whenever they went.

雅 =iii) 侵略者处处挨打。

1.6 She looked cold and indifferent.

雅 = iii）她摆出爱理不理的样子。

1.7 If she has anything on her mind, you'll know it sooner or later.

雅 = iii）她有什么心事总瞒不过你。

1.8 There are roaring waves in the sea.

雅 = iii）海上卷起万顷波涛。

1.9 His meddling made a mess of everything.

雅 = i）他的干预把事情都弄糟了。

1.10 His explanation only made me feel more puzzled than ever.

雅 = iii）他的解释反而把我弄得更加糊涂了

1.11 People were immensely excited.

雅 = iii）人们激动极了。

1.12 A cool breeze was sweeping the night sky.

雅 = iii）夜空掠过一阵凉风。

1.13 She let loose a stream of abuse against him.

雅 = iii）她把他臭骂了一顿。

1.14 He was wild with joy when he knew his sister would come home from the USA soon.

雅 = iii）当他知道他姐姐即将从美国回来时，他乐坏了。

1.15 He went to see her with a feeling of joy.

雅 = iii）他怀着喜悦的心情去见她。

1.16 Though wounded, he was still holding out.

雅 = iii) 他虽然受了伤，但还硬挺着。

1.17. Wouldn't that be more practical?

雅 = iii) 这样做岂不更实际些？

1.18 Now let their luck decide their destiny.

雅 = iii) 现在他们就靠碰运气了。

1.19 She regards me as among her good friends.

雅 = iii) 她视我为她的好朋之一。

1.20 We must bear this lesson in mind.

雅 = iii) 我们一定要牢记这个教训。

用二字词语提炼

2.1 She danced perfectly well.

雅 = iii) 她的舞是跳得棒极了。

2.2 The stock market will soon get its business running properly again.

雅 = iii) 股票市场很快就会重拾正轨。

2.3 She laughed away her tears.

雅 = iii) 她笑着把眼泪掩饰过去。

2.4 He considers himself very important.

雅 = iii) 他自视甚高。

2.5 He was so excited that he gave her an affectionate kiss.

雅＝iii）他激动得给了她深情一吻。

2.6 She hung her head for shame.

雅＝iii）她羞愧得不敢仰视。

2.7 The air in the house is extremely close indeed.

雅＝iii）这房子闷得要命。

2.8 People gathered round, curious to know what was happening.

雅＝iii）人们围聚拢来，急于要打听发生了什么事。

2.9 I have a strong dislike for smoking.

雅＝iii）我极之厌恶吸烟。

2.10 These rumours should be categorically denied.

雅＝iii）对于这些谣言应当予以断然否认。

2.11 Only by constant study can we keep abreast with our times.

雅＝iii）只有不断学习才能与时俱进。

2.12 Our research has scored great successes.

雅＝iii）我们的研究获得了丰硕成果。

2.13 This shows her pessimistic state of mind.

雅＝iii）这是她一种悲观心态的表现。

2.14 She was so shy that she lowered her head bashfully.

雅＝iii）她羞得腼腆地低下了头。

2.15 There are willows dancing in the breeze in the street.

雅 = iii）街道上杨柳婆娑。

2.16 His whole body was drenched with sweat.

雅 = iii）他浑身是汗。

2.17 Your friendship means a great deal to me.

雅 = iii）你的友谊对我含义深远。

2.18 A faint hope flickered in her breast.

雅 = iii）她内心闪烁着一丝希望。

2.19. They considered that a downright lie.

雅 = iii）他们认为这是个十足的谎言。

2.20 I had an unusually refreshing bath.

雅 = iii）这个澡我洗得格外痛快。

用三字词语提炼

3.1 They are not reconciled to their defeat.

雅 = iii）他们失败了，但还不死心。

3.2 He itched to plunge into the battle.

雅 = iii）他恨不得马上投入战斗。

3.3 She bombarded him with questions.

雅 = iii）她像连珠炮般向他提问。

3.4 How did it end? Come on! Don't keep us guessing.

雅 = iii）结果怎么样呢？快说吧，别卖关子了。

3.5 I went to visit her, only to learn that she had left the night before.

雅 = iii）我去看她，没想到她已经在前天晚上离开了。

3.6 They simply must give Xiao Zhao a scolding.

雅 = iii）他们非要骂小赵一顿不可。

3.7 What's behind the enemy's sudden retreat?

雅 = iii）敌军突然撤走，在背后耍什么花招呢？

3.8 He came and at once threw a wet blanket over me: he was so utterly dull and commonplace.

雅 = iii）他一到来就向我泼冷水，他是个十足粗俗无聊的人。

3.9 I am rather out of her books just now.

雅 = iii）现在她是看我不顺眼的。

3.10 "I wish I could talk like that," he said; "like a book, I mean."

雅 = iii）"我很希望能那样讲话，"他说，"我是说，说话文绉绉的。"

3.11 She laughed till her sides split.

雅 = iii）她笑弯了腰。

3.12 The news coming all of a sudden scared him out of his wits.

雅 = iii）这个突如其来的消息把他吓坏了。

3.13 She went through years of suffering and privation by enduring all the hardships with dogged will.

雅＝iii）她凭着坚韧力熬过了那艰苦的日子。

3.14 A beautiful voice chimed beside his ear. He quickly looked up and found it was Lena.

雅＝iii）他耳边响起了一阵娇滴滴的声音，他立即抬起头来，原来是莲娜。

3.15 Good as the plan is, the budget it needs is a little bit too big.

雅＝iii）这计划好是好，但所需的预算多了些。

3.16 We shall as ever dedicate our efforts to the development of good trade relations with your country.

雅＝iii）我们将一如既往，致力于发展与贵国的良好贸易关系。

3.17 Everybody was nervous in the extreme.

雅＝iii）大家都紧张到不得了。

3.18 Why are you so late? We are worried about you to death.

雅＝iii）你怎么来得这么晚？真急死人。

3.19 He reconciled himself cheerfully to the modest livelihood in a small country town.

雅＝iii）他安心于在乡村小镇过简朴的生活。

3.20 They will not take their defeat lying down.

雅 = iii) 他们是决不甘心于他们的失败的。

用四字词语提炼

4.1 She liked to sow discord among her colleagues.

雅 = iii) 她喜欢在同事之间挑拨离间。

4.2 Her words made everybody feel very uneasy.

雅 = iii) 她的话令大家深感忧虑。

4.3 The enemy was utterly routed.

雅 = iii) 敌军被打得落花流水。

4.4 She was moved to anger.

雅 = iii) 她气得怒气冲冲。

4.5 The enemy was wiped out to a man.

雅 = iii) 敌人被杀得片甲不留。

4.6 His ability is already not equal to his ambition.

雅 = iii) 他已经力不从心。

4.7 She was so moved that her eyes were brimming with tears.

雅 = iii) 她被感动得泪盈于睫。

4.8 This shop has an endless stream of customers.

雅 = iii) 这店铺客似云来。

4.9 This painting is life-like.

雅 = iii) 这幅画栩栩如生。

4.10 The valley is carpeted with verdure.

雅 = iii) 这山谷苍翠如茵。

4.11 My words give no cause for much criticism.

雅 = iii) 我的话是无懈可击的。

4.12 Don't let his friendly words mislead you into trusting him.

雅 = iii) 别被他的甜言蜜语所误导而相信他。

4.13 Difficulties and hardships meant nothing to them.

雅 = iii) 艰难困苦对他们不过是小事一桩。

4.14 They tried to win over the people.

雅 = iii) 他们企图收买人心。

4.15 They just repeated what others had said.

雅 = iii) 他们只不过是人云亦云罢了。

4.16 No matter how well you treat him it is useless.

雅 = iii) 你待他怎么好也是枉费心机。

4.17 No matter how she tried to explain it away she could hardly justify herself.

雅 = iii) 她怎么辩解也难以自圆其说。

4.18 There is a sunlit and enchanting scene of spring on the plain.

雅 = iii) 原野到处是一派春光明媚的景色。

4.19 Environment <u>means</u> much to mankind.

雅 = iii) 环境对于人类的重要性是<u>不言而喻</u>的。

4.20 The rumors made everyone <u>in a constant state of anxiety</u>.

雅 = iii) 这些谣言弄得大家终日<u>人心惶惶</u>。

<u>用五字词语提炼</u>

5.1 My vanity had <u>breathed her last</u> during the night.

雅 = iii) 我的名利思想，一夜间<u>一去不复返</u>了。

5.2 “I mustn’t rush things,” he thought. “I have some <u>breathing space</u> ...”

雅 = iii) “我不应该太仓促,”他想,“我还有些<u>喘息的空间</u>。”

5.3 These views we believe to be <u>fair and true</u>.

雅 = iii) 我们认为这些见解是<u>中肯而准确</u>的。

5.4 Her kindness to him was <u>met with a cruel rebuff</u>.

雅 = iii) 她对他一片好心，反而给自己<u>抹一鼻子灰</u>。

5.5 “Well, Becky, come back if you like. You can’t <u>eat your cake and have it</u>.”

雅 = iii) “好的，佩基，你要回来就回来吧。<u>针无两头利</u>啊。”

5.6 Why, he might near starved ... So he learnt the trade,

and then he was all right — but it was a close call.

雅 = iii）他当时险些饿死……因此他才学会了这个行当，然后才活下来——但那次是侥幸才闯出鬼门关的。

5.7 "I'll beat you to a pulp, you dogs," said Quilp.

雅 = iii）"我要把你们揍个稀巴烂，你们这些狗东西，"奎尔普说。

5.8 He always acted rashly without considering the consequences.

雅 = iii）他做事往往很冲动，顾前不顾后的。

5.9 It takes time to know a person.

雅 = iii）日久见人心。

5.10 To give up smoking is beneficial to your health. Why not go ahead with it?

雅 = iii）戒烟有益健康，何乐而不为呢？

用六字词语提炼

6.1 He has an exaggerated opinion of his ability.

雅 = iii）他是个不知天高地厚的家伙。

6.2 The two cannot be mentioned in the same breath.

雅 = iii）这两者不能相提并论。

6.3 The day of joy for us is the day of woe for them.

雅 = iii）我们开心之日，就是他们受苦受难之时。

6.4 They want to accomplish the whole task at one strike.

雅 = iii）他们想毕其功于一役。

6.5 She spoke ambiguously and evasively.

雅 = iii）她的话说得既含糊又闪烁。

6.6 Our troops fell on the enemy with the power of a thunderbolt.

雅 = iii）我军以雷霆万钧之势袭击敌人。

6.7 Each one is worse than the last.

雅 = iii）一蟹不如一蟹。

6.8 She had never let him know — never breathed a word.

雅 = iii）她从来不让他知道——从来没有透露片言只语。

6.9 His theory remains essentially the same despite all apparent changes.

雅 = iii）表面上他的理论有很多变动，但万变不离其宗。

6.10 Yes, sir, like a fish ... A bad lot, to say the least.

雅 = iii）是的，先生，他经常豪饮，至少可以这么说，他是个不长进的家伙。

附录
汉语一字词语至八字词语常用词汇表

一字词语

干 办 可 打 夸 死 当 岂 传 休 伤 仰 全
多 弄 坏 却 盯 吼 免 狂 怀 完 牢 初 劲
苦 轰 肯 狗 闹 闹 卷 泪 视 该 残 挺 临
很 叙 狠 总 绝 都 挽 挨 透 倒 臭 准 冥
探 眺 做 偏 欲 够 猛 竟 混 超 棒 揍 赏
蒙 禁 碰 摆 搞 睹 瞄 睨 睬 鼠 催 微 遥
溢 赘 熬 酷 瞅 稳 撵 噙 整 瞥 瞟 辩 瞩
瞪 糟 瞻 爆

二字词语

十足 乞怜 广为 飞腾 丰满 开怀 天堑 无赖 专横
不已 不已 不再 不禁 巨擘 毛病 手持 分寸 风骨
为伍 心态 本分 本性 白搭 斥责 汇集 礼让 出尘

发掘	动容	老套	场景	厌恶	有异	达人	划破	过细
尘世	光顾	屹立	伤感	仰视	仰慕	自视	壮志	奸诈
好意	巡弋	弄瓦	弄璋	进取	韧性	杜撰	束缚	连番
折腾	轩昂	呓语	听命	呜咽	秀气	作为	身后	彻夜
含苞	狂喜	言说	快慰	冷落	沉寂	良久	良策	诅咒
陈迹	鸡肋	纰漏	苗条	茁壮	杯茶	郁葱	奇葩	拔腿
抱恨	转圜	齿冷	果断	果断	固执	咆哮	囹圄	佳绩
依恋	欣喜	昏聩	闹翻	单恋	沮丧	泫然	诤言	弥漫
玷污	玷污	茫然	相若	相思	要命	威胁	挑剔	轻盈
哄堂	显老	思绪	思潮	钟情	重拾	顺眼	皈依	鬼祟
俊美	刹那	急于	恬静	迷恋	迷惘	派头	浑身	神韵
娇嗔	绚烂	莅临	格外	破绽	圆滑	倾心	倾城	倏忽
徜徉	俱进	倜傥	恋恋	高攀	凄惨	凄清	涤荡	流言
陶醉	通途	教唆	聊赖	梦话	戚然	雪恨	推敲	掠过
虚伪	晚节	蛇足	甜美	偶遇	得体	领悟	脱俗	惬意
惘然	惆怅	惊诧	惊艳	眷恋	断然	淡雅	深情	婆娑
渗透	祸水	弹劾	绯红	落寞	惠及	棘手	揣摩	慌张
渣滓	湮没	强人	媚眼	斟酌	蓦然	献芹	尴尬	零落
嗫嚅	鄙陋	置疑	愁绪	微愠	腼腆	腹稿	痴恋	韵味
满怀	满腔	踌躇	僭越	豪情	端庄	缩瑟	撒娇	嘲笑
影射	墨守	憔悴	憧憬	潸然	薄暮	整理	融解	噱头
罹难	默然	篡夺	邂逅	糟蹋	鞭挞	鞭笞	颤抖	羸弱

三字词语

一刀切 一小撮 一丘貉 一场空 一团糟 一抔土 一把手 一条龙
一言堂 一杯羹 一刹那 一盘棋 一锅端 一窝蜂 一窝端 一溜风
一溜烟 一瞬间 二流子 入幕宾 刀笔吏 三脚猫 土包子 土皇帝
下马威 大手笔 大锅饭 万金油 口头禅 千里马 千里眼 及时雨
亡国奴 门外汉 马后炮 马屁精 马前卒 井底蛙 开了花 开小差
开后门 无底洞 无面目 不二门 不成器 不顺眼 不倒翁 不旋踵
车轮战 中山狼 长舌妇 父子兵 父母官 风凉话 乌纱帽 乌鸦嘴
文字狱 文绉绉 心不死 丑八怪 未亡人 节骨眼 左右手 龙虎榜
打光棍 打秋风 打埋伏 打圆场 打擂台 东道主 生力军 白日梦
鸟兽散 主人翁 出气筒 出风头 出头鸟 出洋相 皮包骨 母老虎
母夜叉 老古董 老半天 老油条 老皇历 地头蛇 地头蛇 耳边风
压轴戏 有心人 死心眼 死对头 死胡同 扛大梁 扣帽子 扫帚星
同心结 肉中刺 全家福 合家欢 合得来 杀手锏 刎颈交 多面手
闭门羹 并蒂莲 池中物 守财奴 安乐窝 军令状 寻短见 阶下囚
好相处 走后门 走江湖 邯郸梦 劳什子 连珠炮 连锅端 护身符
里程碑 吹牛皮 吹鼓手 乱弹琴 私房话 免战牌 吝啬鬼 应声虫
忘年交 闷葫芦 冷板凳 冷热病 穷光蛋 穷折腾 穷措大 纸老虎
纸老虎 现世报 现成饭 苦肉计 杯中物 卖人情 卖关子 抹稀泥
拖后腿 拍马屁 顶梁柱 势利眼 抱不平 拦路虎 软刀子 败家子
刮地皮 和事老 和稀泥 佼佼者 金不换 命根子 狐狸精 狗咬狗
狗腿子 饱眼福 变色龙 放冷箭 放空炮 卷铺盖 单相思 炒冷饭
炒鱿鱼 泣鬼神 波纹形 泼冷水 定心丸 空城计 试金石 绊脚石
帮倒忙 故纸堆 耍手腕 耍花招 耍花腔 耍滑头 挡箭牌 挑大梁

垫脚石 挤牙膏 挖墙脚 背包袱 背黑锅 省油灯 冒失鬼 哈巴狗
咬耳朵 贱骨头 顺口溜 保护伞 鬼门关 鬼画符 胆小鬼 急死人
急先锋 急就章 恨不得 美人计 迷魂汤 迷魂阵 炮筒子 活现眼
神枪手 赶时髦 赶潮流 莫须有 莫逆交 恶作剧 桃花运 破天荒
破烂货 逐客令 捞一把 捞稻草 热门货 热心肠 紧箍咒 钻空子
铁公鸡 铁饭碗 铁算盘 笑面虎 倒栽葱 釜中鱼 爱挑剔 留一手
留余地 座上宾 座右铭 黄粱梦 掘墓人 救世主 眼中钉 唱反调
唱高调 假惺惺 假慈悲 清一色 鸿门宴 寄生虫 随大流 绵里针
替罪羊 惹不起 落水狗 落汤鸡 硬骨头 揪辫子 翘尾巴 跑龙套
喝倒彩 稀巴烂 集大成 装门面 装洋蒜 湿淋淋 温柔乡 窝里反
窝囊气 碰钉子 摆架子 摇钱树 照妖镜 解语花 煞风景 满天飞
满堂红 滚雪球 群英会 墙头草 撂挑子 赚快钱 管城子 敲门砖
敲边鼓 敲竹杠 遮羞布 飘飘然 醋坛子 撒手锏 暴发户 稻粱谋
糊涂虫 糊涂账 擎天柱 磨洋工 激将法 避风港 擦边球 孺子牛
露一手 露马脚

四字词语

一无所知 一日千里 一片空白 一叶扁舟 一丝一毫 一丝不苟
一步登天 一应俱全 一泻千里 一视同仁 一览无余 一唱一和
一落千丈 一箭双雕 一曝十寒 十万火急 十全十美 七上八下
七手八脚 七拼八凑 七嘴八舌 八面玲珑 人山人海 人云亦云
人心惶惶 人欢马叫 人声喧哗 人声嘈杂 入木三分 九牛一毛
九死一生 九霄云外 刀山火海 力不从心 力挽狂澜 三长两短
三心二意 三头六臂 三言两语 三番五次 大汗淋漓 大材小用

大言不惭　大雨倾盆　大雪纷飞　大惊失色　大腹便便　大器晚成
万人空巷　万无一失　万水千山　万众一心　万里无云　万点繁星
万紫千红　万紫千红　万紫千红　寸步难行　口若悬河　口是心非
山穷水尽　山明水秀　山清水秀　千山万水　千方百计　千古绝唱
千丝万缕　千军万马　千言万语　千辛万苦　千奇百怪　千变万化
千钧一发　千差万别　千姿百态　千真万确　千锤百炼　千篇一律
川流不息　亡羊补牢　门可罗雀　门庭若市　尸横遍野　飞蛾扑火
小桥流水　丰富多彩　井井有条　井然有序　天外有天　天花乱坠
天经地义　天高云淡　天寒地冻　无地自容　无所顾忌　无懈可击
云消雾散　专心致志　五光十色　五花八门　五谷丰登　五彩缤纷
五湖四海　五颜六色　不毛之地　不甘示弱　不可理喻　不可救药
不亦乐乎　不言而喻　不屈不挠　不骄不躁　不耻下问　不眠之夜
车水马龙　比比皆是　日上三竿　日久生情　日积月累　日落西山
日薄西山　见多识广　气势雄伟　手疾眼快　手舞足蹈　片甲不留
化险为夷　月牙初升　月光皎洁　月明星稀　风云变幻　风声鹤唳
风雨同舟　风雨交加　风雨飘摇　风和日丽　风卷残云　风起云涌
风调雨顺　风雪交加　风景如画　凤毛麟角　六神无主　文质彬彬
火树银花　为虎作伥　心心相印　心旷神怡　心灵手巧　心急如焚
心神不定　心烦意乱　心惊肉跳　心慌意乱　心猿意马　心满意足
引吭高歌　水平如镜　水乳交融　水泄不通　水流湍急　玉兔东升
未雨绸缪　功败垂成　左顾右盼　布局巧妙　龙飞凤舞　龙争虎斗
龙腾虎跃　龙潭虎穴　东方欲晓　东倒西歪　北风呼啸　北雁南飞
目不转睛　目不暇接　目中无人　目空一切　目瞪口呆　目瞪口呆
电光石火　由此及彼　只争朝夕　四分五裂　四平八稳　四面八方

四通八达 生龙活虎 生机勃勃 白浪滔天 白雪皑皑 令人发指
鸟语花香 包罗万象 半信半疑 头破血流 宁缺毋滥 永垂不朽
民怨沸腾 出类拔萃 发奋图强 对牛弹琴 对答如流 动弹不得
老态龙钟 地动山摇 耳闻目睹 百孔千疮 百发百中 百花争艳
百花齐放 百依百顺 百战百胜 有机可乘 死气沉沉 成人之美
过眼烟云 光芒万丈 光明磊落 吐露心声 同甘共苦 华灯初上
自吹自擂 自我陶醉 自鸣得意 自命不凡 自圆其说 自强不息
血雨腥风 全力以赴 杂乱无章 旭日东升 多多益善 多如牛毛
争分夺秒 争权夺利 妄自尊大 闭月羞花 问道于盲 灯火通明
壮志凌云 兴奋莫名 兴高采烈 江山如画 守口如瓶 守株待兔
安步当车 冰天雪地 冰清玉洁 异想天开 收回成命 收买人心
阴雨连绵 防不胜防 如花似玉 如鱼得水 如雷贯耳 欢呼雀跃
弄假成真 形影不离 戒骄戒躁 赤胆忠心 志同道合 声东击西
声泪俱下 花团锦簇 花红柳绿 花红柳绿 花言巧语 花枝招展
苍翠如茵 克己奉公 束之高阁 两面三刀 两袖清风 丽日临空
忐忑不安 坚强不屈 呆若木鸡 利欲熏心 秀丽多姿 兵不厌诈
体无完肤 坐井观天 含糊其辞 肝胆相照 狂风暴雨 应接不暇
冷若冰霜 汪洋大海 沧海一粟 没精打采 沉鱼落雁 层出不穷
张牙舞爪 张灯结彩 忍无可忍 鸡犬不宁 孜孜不倦 纷至沓来
青山绿水 青红皂白 青翠欲滴 其貌不扬 苦思冥想 若隐若现
直冲云霄 枉费心机 林林总总 林海雪原 枝繁叶茂 杯弓蛇影
杯弓蛇影 杯水车薪 枪林弹雨 画龙点睛 画蛇添足 雨后彩虹
卖国求荣 郁郁葱葱 奔腾不息 奋不顾身 拔刀相助 拐弯抹角
顶天立地 抱头鼠窜 披荆斩棘 转危为安 虎背熊腰 果实累累

国色天香　畅通无阻　明眸皓齿　昂首挺胸　忠贞不渝　垂头丧气
和风细雨　和蔼可亲　侃侃而谈　迫不及待　舍己为人　舍生忘死
金风送爽　金桂飘香　金碧辉煌　金蝉脱壳　命中注定　乳燕初飞
贪生怕死　兔死狐悲　狗急跳墙　夜深人静　夜幕低垂　废寝忘食
刻不容缓　刻舟求剑　炊烟四起　学无止境　学而不厌　泪如泉涌
泪盈于睫　波涛汹涌　空前绝后　居功自傲　屈指可数　孤云野鹤
孤芳自赏　春风化雨　春光明媚　春回大地　春色满园　春花秋月
春花烂漫　春暖花开　春意正浓　春意盎然　荒山野岭　茫然若失
荣辱与共　故弄玄虚　胡言乱语　胡思乱想　南腔北调　南辕北辙
枯木逢春　威风凛凛　威武不屈　厚颜无耻　残阳如血　挑拨离间
指鹿为马　挤眉弄眼　按图索骥　挥汗如雨　挥金如土　轻描淡写
鸦雀无声　临危不惧　星罗棋布　昨日黄花　骨瘦如柴　秋风送爽
秋雨连绵　秋高气爽　追波逐浪　胆大包天　急中生智　亲密无间
恬不知耻　恨之入骨　闻名遐迩　闻鸡起舞　闻所未闻　美不胜收
美如冠玉　前仰后翻　前倨后恭　炯炯有神　举世瞩目　举足轻重
洪水猛兽　洗耳恭听　洋洋大观　穿梭往来　客似云来　神乎其神
神态悠闲　神采奕奕　神情专注　眉飞色舞　眉开眼笑　眉清目秀
姹紫嫣红　怒气冲冲　怒发冲冠　骄阳似火　绘声绘色　绚丽多彩
络绎不绝　绝无仅有　艳阳高照　班门弄斧　蚕食鲸吞　莺歌燕舞
真才实学　栩栩如生　振振有词　铁证如山　铁树开花　乘风破浪
乘虚而入　倾国倾城　倾盆大雨　俯拾皆是　臭名昭著　爱不释手
爱财如命　狼吞虎咽　高山流水　高朋满座　高耸入云　高谈阔论
高瞻远瞩　座无虚席　旁敲侧击　粉身碎骨　烟消云散　涓涓细流
浩如烟海　海誓山盟　浮想联翩　流水无情　容光焕发　袖手旁观

谈笑风生 弱不禁风 陷入沉思 娓娓动听 雪上加霜 掩耳盗铃
推心置腹 虚怀若谷 虚张声势 虚情假意 晨光绚丽 眼花缭乱
悬崖峭壁 唯我独尊 崎岖不平 崇山峻岭 甜言蜜语 得意忘形
得意洋洋 欲言又止 彩桥横空 彩霞缤纷 望而生畏 情同手足
惊弓之鸟 惊天动地 惊涛拍岸 惊慌失措 粗枝大叶 深思熟虑
深感忧虑 弹尽粮绝 婉转悦耳 绰绰有余 绿水青山 绿草如茵
琳琅满目 博览群书 落花流水 落落大方 朝思暮想 朝霞灿烂
晴空万里 喋喋不休 蛛丝马迹 痛定思痛 普天同庆 道听途说
温文尔雅 寒风刺骨 寒冬腊月 富丽堂皇 窗明几净 遍体鳞伤
瑞雪纷飞 魂不附体 肆无忌惮 蓬头垢面 雷电交加 雾海夜航
暗自高兴 暗度陈仓 错落有致 锦上添花 锦绣山河 愁眉苦脸
愁眉紧锁 愁眉深锁 鼠目寸光 鹏程万里 痴心妄想 雍容华贵
慎言谨行 数不胜数 满山红叶 满天星斗 满城风雨 滔滔不绝
滚滚东流 滂沱大雨 静思默想 碧空万里 碧空如洗 兢兢业业
蜻蜓点水 稳如泰山 管中窥豹 豪言壮语 瘦骨嶙峋 慢条斯理
漫山遍野 漫天飞雪 漫不经心 滴水不漏 滴水成冰 察言观色
寥若晨星 寥寥无几 震耳欲聋 镇定自若 摩肩接踵 潸然泪下
鹤立鸡群 鹤发童颜 嬉皮笑脸 瓢泼大雨 瓢泼大雨 黔驴技穷
鹦鹉学舌 燃眉之急 霜林尽染 螳臂当车 豁达大度 鹬蚌相争

五字词语

一去不复返 一问三不知 一字值千金 一报还一报 一言以蔽之
一物降一物 一觉扬州梦 一碗水端平 一鼻孔出气 二一添作五
十万八千里 八九不离十 人不可貌相 人比黄花瘦 人心隔肚皮

人生地不熟 人生如朝露 人老心不老 人间重晚晴 人穷志不穷
九曲十八弯 三七二十一 三思而后行 大旱望云霓 大事不糊涂
大鱼吃小鱼 万事起头难 山水甲天下 山高皇帝远 千里共婵娟
千里送鹅毛 久旱逢甘雨 女大十八变 小巫见大巫 小事不糊涂
习惯成自然 开门七件事 天下无难事 天公不作美 天涯若比邻
无风不起浪 无用武之地 无立锥之地 无所施其技 无官一身轻
无毒不丈夫 艺高人胆大 不以人废言 不打不成器 不打不相识
不幸而言中 不知者不罪 日久见人心 中看不中用 见木不见林
文章憎命达 水火不相容 正人先正己 功到自然成 世上无难事
可杀不可辱 可望不可即 平地一声雷 旧瓶装新酒 兄弟阋于墙
四海皆兄弟 他乡遇故知 半斤对八两 礼多人不怪 礼轻情意重
司马昭之心 民无信不立 民以食为天 皮笑肉不笑 老大徒伤悲
老牛拉破车 共饮一江水 有奶便是娘 有志事竟成 此风不可长
吃力不讨好 吃软不吃硬 吃软不吃硬 岁月不饶人 岁寒知松柏
肉麻当有趣 先下手为强 后来者居上 后浪推前浪 行行出状元
杀人不见血 杀人不眨眼 名师出高徒 闯出鬼门关 冰炭不相容
冰炭不相容 尽在不言中 防患于未然 好心办坏事 好心没好报
观今宜鉴古 欢娱嫌夜短 花无百日红 苍蝇附骥尾 严师出高徒
更上一层楼 报喜不报忧 时穷节乃见 时势造英雄 吹胡子瞪眼
兵败如山倒 何乐而不为 伴君如伴虎 坐山观虎斗 庐山真面目
弃之如敝屣 快刀斩乱麻 纸包不住火 苛政猛于虎 英雄出少年
枪打出头鸟 事后诸葛亮 郁郁不得志 抹一鼻子灰 虎父无犬子
虎毒不食儿 明珠出老蚌 图穷匕首见 知之为知之 知子莫若父
知耻近乎勇 物不平则鸣 物以稀为贵 佳偶自天成 依样画葫芦

舍命陪君子 乳犊不怕虎 贫贱不能移 狗咬吕洞宾 狗眼看人低
饱暖思淫欲 盲人骑瞎马 单丝不成线 河东狮子吼 泥菩萨过江
治标不治本 空口说白话 终非池中物 春秋无义战 相逢在梦中
树倒猢狲散 威武不能屈 面和心不和 临时抱佛脚 哑巴吃黄连
蚂蚁啃骨头 钝刀子割肉 秋风扫落叶 俭者心常富 狮子大开口
独木不成林 施恩不望报 恨铁不成钢 送佛送到西 将门无犬子
将相本无种 怒从心上起 恶人先告状 恶事传千里 真人不露相
真金不怕火 桃李满天下 破罐子破摔 烈火见真金 顾前不顾后
换汤不换药 热锅上蚂蚁 蚍蜉撼大树 铁杵磨成针 射人先射马
高义薄云天 高处不胜寒 病去如抽丝 病来如山倒 病笃乱投医
疾风扫落叶 疾风知劲草 酒后吐真言 害人反害己 家丑不外扬
家书抵万金 家和万事兴 读书破万卷 难于上青天 眼不见为净
蛇无头不行 患难见知己 患难见真情 船多不碍路 欲速则不达
脸红脖子粗 祭神如神在 清水无大鱼 敢怒不敢言 惺惺惜惺惺
温良恭俭让 溃敌如决河 富贵不能淫 富贵逼人来 强宾不压主
隔行如隔山 瑞雪兆丰年 蜉蝣撼大树 群起而攻之 墙倒众人推
稳坐钓鱼船 疑心生暗鬼 慢工出细活 慧眼识英雄 擒贼先擒王
瞒上不瞒下 鲤鱼跳龙门 凛然不可犯 覆巢无完卵 翻脸不认人
戳穿西洋镜

六字词语

一山不容二虎 一发不可收拾 一动不如一静 一竹竿打到底
一蟹不如一蟹 人人得而诛之 九牛二虎之力 三寸不烂之舌
三句不离本行 士为知己者死 士可杀不可辱 大开方便之门

万夫不当之勇 万物皆备于我 万物唯人为贵 万变不离其宗
上刀山下火海 口惠而实不至 马无夜草不肥 丰年玉荒年谷
天无绝人之路 天机不可泄漏 天有不测风云 天时地利人和
无所不用其极 五十步笑百步 不分青红皂白 不可同日而语
不足为外人道 不幸中之大幸 不知天高地厚 不知老之将至
不知轻重缓急 不费吹灰之力 不能相提并论 不得其门而入
不登大雅之堂 太岁头上动土 匹夫不可夺志 手无缚鸡之力
长痛不如短痛 化干戈为玉帛 化悲痛为力量 化腐朽为神奇
反其道而行之 从规矩定方圆 公道自在人心 勿谓言之不预
风马牛不相及 风里来雨里去 以不变应万变 双拳不敌四手
水至清则无鱼 水浅不容大鱼 未可同日而语 可望而不可即
打肿脸充胖子 生米煮成熟饭 出污泥而不染 吉人自有天相
老子天下第一 老死不相往来 老虎头上搔痒 耳闻不如目见
共享天伦之乐 百动不如一静 百思不得其解 百闻不如一见
有过之无不及 有志不在年高 有志者事竟成 有眼不识泰山
有鼻子有眼儿 存亡危急之秋 死马当活马医 死无葬身之地
毕其功于一役 过五关斩六将 此一时彼一时 同命运共呼吸
同患难共生死 岌岌不可终日 先小人后君子 杀鸡焉用牛刀
危急存亡之秋 交浅不可言深 安身立命之所 迅雷不及掩耳
如入无人之境 如堕五里雾中 好心不得好报 好死不如赖活
远水不救近火 远水不解近渴 远亲不如近邻 抛到九霄云外
求人不如求已 听见风就是雨 听其言观其行 吹皱一池春水
伸手不见五指 身教重于言教 君子不咎既往 君子成人之美
鸡蛋里挑骨头 纸里包不住火 驴唇不对马嘴 玩于股掌之上

英雄所见略同　事实胜于雄辩　拉大旗作虎皮　拨云雾见青天
到处鸟语花香　虎头上捉虱子　明人不做暗事　贫无立锥之地
放长线钓大鱼　学而不思则罔　学而后知不足　学如逆水行舟
河水不犯井水　河海不择细流　挂羊头卖狗肉　鸦窝里出凤凰
是非自有公论　胜负兵家常事　哀莫大于心死　亲不亲故乡人
闻名不如见面　送佛送到西天　前言不搭后语　活到老学到老
神不知鬼不觉　恭敬不如从命　真金不怕火炼　夏虫不可语冰
破题儿第一遭　顾左右而言他　损有余补不足　热锅上的蚂蚁
透露片言只语　高不成低不就　海水不可斗量　流言止于智者
家丑不可外扬　掷地作金石声　唯恐天下不乱　惊天地泣鬼神
敢怒而不敢言　喜怒不形于色　敬鬼神而远之　惶惶不可终日
滑天下之大稽　雷霆万钧之势　摸着石头过河

一不做，二不休；一而再，再而三；一传十，十传百；
千叮咛，万嘱咐；不自由，毋宁死；不怕官，只怕管；
玉不琢，不成器；龙生龙，凤生凤；宁玉碎，毋瓦全；
动天地，泣鬼神；此一时，彼一时；同生死，共患难；
同呼吸，共命运；吃一堑，长一智；名不正，言不顺；
来无影，去无踪；求大同，存小异；你不仁，我不义；
言必信，行必果；穷则变，变则通；张家长，李家短；
经一事，长一智；经风雨，见世面；亲者痛，仇者快；
前怕狼，后怕虎；活到老，学到老；神不知，鬼不觉；
说时迟，那时快；既来之，则安之；高不成，低不就；
冤有头，债有主；睁只眼，闭只眼；眼中钉，肉中刺；
雄赳赳，气昂昂；雷声大，雨点小；满招损，谦受益

七字词语

一人做事一人当　一寸光阴一寸金　一个巴掌拍不响
一个萝卜一个坑　一石激起千层浪　一叶落知天下秋
一失足成千古恨　一发而不可收拾　一年之计在于春
一将成功万骨枯　一举成名天下闻　十个指头有长短
人心不足蛇吞象　人生何处不相逢　人怕出名猪怕壮
人贵有自知之明　人逢喜事精神爽　刀切豆腐两面光
大树底下好乘凉　丈夫有泪不轻弹　万丈高楼平地起
万绿丛中一点红　寸金难买寸光阴　上梁不正下梁歪
山雨欲来风满楼　千里姻缘一线牵　小不忍则乱大谋
王顾左右而言他　天下无不散筵席　天下乌鸦一般黑
天若有情天亦老　无事不登三宝殿　无颜见江东父老
五百年前是一家　不见棺材不落泪　不为五斗米折腰
不以成败论英雄　不识庐山真面目　不到长城非好汉
不到黄河心不死　不是冤家不聚头　不看僧面看佛面
不患寡而患不均　不敢越雷池一步　不管三七二十一
车如流水马如龙　车到山前必有路　长江后浪推前浪
父子无隔宿之仇　今朝有酒今朝醉　心有余而力不足
心有灵犀一点通　心病还须心药医　以五十步笑百步
巧妻常伴拙夫眠　功夫不负有心人　打开天窗说亮话
打破砂锅问到底　东方不亮西方亮　占着茅坑不拉屎
四海之内皆兄弟　失败乃成功之母　半夜敲门心不惊
头重脚轻根底浅　老虎头上打苍蝇　老虎屁股摸不得
有百害而无一利　有过之而无不及　有其父必有其子

有钱能使鬼推磨	有情人终成眷属	成也萧何败萧何
此地无银三百两	此时无声胜有声	吕端大事不糊涂
同是天涯沦落人	吃小亏占大便宜	竹篮打水一场空
血债要用血来还	众人拾柴火焰高	各人自扫门前雪
名不正则言不顺	多行不义必自毙	羊毛出在羊身上
决胜于千里之外	好了伤疤忘了疼	好马不吃回头草
好汉不吃眼前亏	远水救不得近火	花不迷人人自迷
苍天不负有心人	两害相较取其轻	拒人于千里之外
男儿有泪不轻弹	听其言而观其行	每逢佳节倍思亲
你走你的阳关道	身在曹营心在汉	身在福中不知福
近水楼台先得月	条条大路通罗马	言有尽而意无穷
初生牛犊不畏虎	识时务者为俊杰	君子之交淡如水
君子不夺人之好	英雄无用武之地	英雄难过美人关
画龙画虎难画骨	画虎不成反类犬	事无不可对人言
择其善者而从之	败子回头金不换	知人知面不知心
贫贱之交不可忘	肥水不流别人田	兔子不吃窝边草
饱汉不知饿汉饥	放之四海而皆准	话不投机半句多
春蚕到死丝方尽	柳暗花明又一村	树欲静而风不止
牵一发而动全身	挟天子而令诸侯	按下葫芦浮起瓢
是非只为多开口	冒天下之大不韪	胜败乃兵家常事
恨不相逢未嫁时	前人种德后人收	语不惊人死不休
神龙见首不见尾	眉毛胡子一把抓	恶人自有恶人磨
夏虫不可以语冰	秤砣虽小压千斤	拿着鸡毛当令箭
逢人且说三分话	留取丹心照汗青	酒逢知己千杯少

浪子回头金不换　宰相肚里好撑船　冤家宜解不宜结
雪后始知松柏操　偷鸡不着蚀把米　得饶人处且饶人
得缩头时且缩头　船到桥头自会直　情人眼里出西施
敬酒不吃吃罚酒　赔了夫人又折兵　黑云压城城欲摧
道不同不相为谋　强中自有强中手　强龙不压地头蛇
强将手下无弱兵　跳进黄河洗不清　置之死地而后生
解铃还须系铃人　新官上任三把火　墙内开花墙外香
聪明反被聪明误　横挑鼻子竖挑眼　横眉冷对千夫指
醉翁之意不在酒　踏破铁鞋无觅处　燕雀安知鸿鹄志

八字词语

一夫当关，万夫莫敌；一日不见，如隔三秋；
一叶障目，不见泰山；一言既出，驷马难追；
一波未平，一波又起；一损俱损，一荣俱荣；
一登龙门，身价十倍；二人同心，其利断金；
二虎相斗，必有一伤；十年树木，百年树人；
十步之内，自有芳草；八公山上，草木皆兵；
八仙过海，各显神通；人之将死，其言也善；
人无远虑，必有近忧；人不犯我，我不犯人；
人为财死，鸟为食亡；人过留名，雁过留声；
人同此心，心同此理；儿女情长，英雄气短；
三十六策，走为上策；三天打鱼，两天晒网；
士别三日，刮目相看；大事化小，小事化无；
大难不死，必有后福；万事俱备，只欠东风；

上天无路，入地无门；山外有山，天外有天；
千军易得，一将难求；千里之行，始于足下；
千里之堤，毁于蚁穴；己所不欲，勿施于人；
天下兴亡，匹夫有责；天网恢恢，疏而不漏；
不入虎穴，焉得虎子；不在其位，不谋其政；
不求有功，但求无过；不鸣则已，一鸣惊人；
不痴不聋，不做家翁；不塞不流，不止不行；
比上不足，比下有余；仁者见仁，智者见智；
仇人相见，分外眼红；分久必合，合久必分；
风声鹤唳，草木皆兵；尺有所短，寸有所长；
以己之心，度人之腹；以子之矛，攻子之盾；
以眼还眼，以牙还牙；水能载舟，亦能覆舟；
只见树木，不见森林；只可意会，不可言传；
生于忧患，死于安乐；生无可恋，死不足惜；
他山之石，可以攻玉；鸟尽弓藏，兔死狗烹；
头痛医头，脚痛医脚；宁为玉碎，不为瓦全；
出其不意，攻其不备；耳听为虚，眼见为实；
机不可失，时不再来；百尺竿头，更进一步；
百足之虫，死而不僵；有则改之，无则加勉；
有话则长，无话则短；有碗话碗，有碟话碟；
有福同享，有难同当；成也萧何，败也萧何；
成事不足，败事有余；光阴似箭，日月如梭；
当面一套，背后一套；当面是人，背后是鬼；
早知今日，何必当初；吃苦在前，享受在后；

江山易改，禀性难移；防民之口，甚于防川；
进可以攻，退可以守；运筹帷幄，决胜千里；
攻无不克，战无不胜；攻其一点，不及其余；
两虎相斗，必有一伤；针插不进，水泼不进；
秀才造反，三年不成；兵来将挡，水来土掩；
近朱者赤，近墨者黑；坐筹帷幄，决胜千里；
言者无罪，闻者足戒；闲话休提，言归正传；
君子报仇，十年不晚；君子爱财，取之有道；
青山不老，绿水长存；取之不尽，用之不竭；
苦海无边，回头是岸；茕茕孑立，形影相吊；
国家兴亡，匹夫有责；明枪易躲，暗箭难防；
明修栈道，暗度陈仓；呼之即来，挥之即去；
物以类聚，人以群分；金无足赤，人无完人；
金玉其外，败絮其中；饱食终日，无所用心；
放下屠刀，立地成佛；学而不厌，诲人不倦；
项庄舞剑，志在沛公；城门失火，殃及池鱼；
树高千丈，落叶归根；星星之火，可以燎原；
种瓜得瓜，种豆得豆；重赏之下，必有勇夫；
顺我者昌，逆我者亡；食之无味，弃之可惜；
胜者为王，败者为寇；差之毫厘，失之千里；
养兵千日，用在一朝；送君千里，终须一别；
前人种树，后人乘凉；前无古人，后无来者；
前事不忘，后事之师；逆水行舟，不进则退；
桃李不言，下自成蹊；捡了芝麻，丢了西瓜；

乘兴而来，败兴而归；徐娘半老，风韵犹存；
病从口入，祸从口出；旁观者清，当局者迷；
拳不离手，曲不离口；兼听则明，偏听则暗；
流水不腐，户枢不蠹；读万卷书，行万里路；
黄钟毁弃，瓦釜雷鸣；盛名之下，其实难符；
得一知己，死可无恨；得道多助，失道寡助；
欲加之罪，何患无辞；麻雀虽小，五脏俱全；
谋事在人，成事在天；祸福无门，唯人所召；
落花有意，流水无情；韩信将兵，多多益善；
棋逢敌手，将遇良才；道高一尺，魔高一丈；
富贵不淫，威武不屈；路见不平，拔刀相助；
塞翁失马，焉知非福；福无双至，祸不单行；
疑人勿用，用人勿疑；精诚所至，金石为开；
聪明一世，糊涂一时；鞠躬尽瘁，死而后已；
螳螂捕蝉，黄雀在后；鹬蚌相争，渔翁得利；
翻手为云，覆手为雨；
一把钥匙开一把锁；天下无不散之筵席；
无面目见江东父老；不知人间有羞耻事；
巧妇难为无米之炊；当面是人背后是鬼；
多一事不如少一事；青出于蓝而胜于蓝；
贪天之功以为己有；狗嘴里吐不出象牙；
急惊风撞着慢郎中；真人面前不说假话；
家家有本难念的经；跑了和尚跑不了庙；
燕雀安知鸿鹄之志；癞蛤蟆想吃天鹅肉

参考文献

[1] 陆谷孙. 英汉大词典 [M]. 上海：上海译文出版社，2000.

[2] 北京外国语学院英语系，《汉英词典》编写组. 汉英词典 [M]，北京：商务印书馆.

[3] 苏州大学《英语搭配大词典》编写组. 英语搭配大词典 [M]. 南京：江苏教育出版社，1991.

[4] 霍恩比. 牛津高阶英汉双解辞典. 李比达编译. 牛津大学出版社（香港）有限公司出版，1994

[5] 厦门大学外语系编译. 英语成语辞典 [M]. 北京：商务印书馆.

[6] 雷馨. 英语分类句型 [M]. 北京：商务印书馆.

[7] 天津大学. 科技英语阅读手册 [M]. 北京：石油化学工业出版社.

[8] 张达聪. 翻译之原理与技巧 [M]. 东雅书业公司，1979.

[9] 连金发，赖水信. 国际英文百科全书 [M]. 国际编译社，1980.

[10] 王丹灵. 新编万用英汉 / 汉英百科辞典 [M].